攏是爲了

30則以生命書寫的深情告白

盧俊義——著

謹以此書獻給台北雙連基督長老教會，
感謝該會從二〇一三年起開闢《牛埔庄聖經班》
提供我長達十年的時間帶領兄姊查考聖經，
使我可以順利完成向上帝所許的願——
講完並出版新舊約聖經六十六卷釋義的工作。

目錄

CONTENT

專文推薦

三十種愛的答案

吳幸芳

同時具備能說、能道、能寫的人才並不多見，即便是宗教界也是，盧俊義牧師是少數有如此恩典的牧者。

《攏是為了愛》落筆流暢、敘述不矯情，就像打開螢幕或收聽podcast，閱聽一群「很有個性的人」的故事，因為他們多半沒在主流媒體出現，也不是知名歷史人物、或政商名人，但也許是不知名的平凡，反倒倍感親切！或許他們的故事，可以為經常懷疑工作總在瞎忙、業績達標狂喜後仍感到落寞、努力工作認真生活，還是覺得並不踏實、有空虛感的朋友們一些光亮。

書中三十位人物有好學歷、頂尖的創作能力、優異的一技之長、難以取代的專業等共通點，他們是社會中最輕易能獲得豐厚收入、社會地位的人生勝利組，但卻清一色「不務正業」，選擇離開舒適圈和同溫層，踏上恐怕會引起家庭革命、旁人費解的工作職業。

這些真實的見證故事中，有些人回到貧瘠的原鄉，也有離家數百哩去到陌生的窮鄉，他們都用自己的專業與獨特眼光，勇敢地去開墾過往沒人做過的事情，實實在在直接影響了無數生命和家庭。哈！聽起來很創新、非常威吧?!但嚴酷的現實是，資源匱乏、從零開始的探索與編織過程，必須面對書本沒有教的問題和困境。五年、三十年、六十年，各種千奇百怪的艱苦與挫折，要如何挺過，書中給了三十種愛的答案。

全書三十位人物，涵蓋了關懷弱勢中的弱勢、教育、醫療、藝術、科學、公衛等社會多元面貌，我特別喜歡這樣的用心安排，好似呼應《台灣基督長老教會信仰告白》其中一段：「上帝賜給人有尊嚴、才能，以及鄉土，使人有份於祂的創造，負責任與祂一起管理世界。因此，人有社會、政治及經濟的制度，也有文藝、科學，且有追求真神的心。」是，這正是文明進步社會的最基本養分。

而三十位前輩數十年的精采人生，若要寫成三十本書也不是大問題，但盧俊義牧師用上帝賜予他說故事、以及寫作能力的美好恩賜，幫助我們迅速吸收最精華之淬鍊，讓我們穿越時空與他們心靈會遇。被觸動那一刻，三十個愛的人生劇本，已經和我們相連結，他們的愛，已經植入我們體內看不到的某處。

相信，這就是他們當年不計薪資與無比艱難、放棄屬世眼光的勝利，用全心全意、竭盡所能的愛，所帶來的影響力。闔上書本，想想自己喜歡的生命樣態、工作的價值，然後，謝謝書中的三十位前輩。

（本文作者為育成社會福利基金會總經理、《今周刊》顧問）

專文推薦

傳達愛的訊息

陳永興

盧俊義牧師退而不休，仍然精神充沛、忙碌不停地為上帝做工。他喜歡帶人查經，在台灣各地奔波，只要有人喜歡讀聖經、領受上帝的信息，他總是義不容辭地擔任傳播聖經信息的角色，毫不疲倦。

他又善於發揮文字佈道的恩賜，不斷寫作推廣上帝的福音，他筆耕不停，產量豐盛，每年都有新書出版，令人驚訝上帝給他的恩賜是這樣源源不絕，真是讓人佩服，讚美上帝奇妙的恩典在他身上得到最美好的見證！

這本《攏是為了愛：30則以生命書寫的深情告白》，單從書名就可略知盧牧師要傳達給讀者的信息：「愛」。在基督教的信仰中「信」、「望」、「愛」是最常被提到的精神，而其中「愛」更是最重要的，沒有「愛」，生命就失去了意義。

盧牧師在書中講述了三十個人物，其中有傳道人、神父、修女、牧師，有醫生、護理人員、藥師、公共衛生專家，有音樂家、舞蹈家、藝術家、教育家……各種不同領域的人，但他們都有共同的「愛」，就是從上帝的愛到人間的愛，讓每個人的生命發光發熱，活出了精彩無悔的人生，也活出了生命的價值和人生的意義！

我們從書中一位江阿勇傳道的故事，看到一位僅僅活了三十五年生命的布農族傳道師，雖有台大法律系的優秀學歷，卻選擇回原鄉做國小教師，又選擇信奉上帝宣揚福音，到深山阿美族的奇美部落，重建已被荒廢的教會。他輔導原住民兒童的課業、照顧偏鄉年邁多病的長者，他探訪每個家庭瞭解偏鄉山區人們的需要、發動勸募書籍來充實偏鄉學校的圖書，他帶領詩歌讚美上帝的恩典、傳授福音教導年輕人，他半夜急救病危村民、開車百里護送病人入院、自掏腰包四處募款為老人送餐，他協助原民各種法律問題、解決原鄉青年外出就業遇到的困難……

為了愛周遭的人，他整天忙碌，直到自己吐血才被發現得了肝癌，雖然經過全力搶救，卻很快就安息於上帝的懷抱中，還留下遺言將自己的積蓄和別人的捐款都奉獻出來，當作部落老人就醫的交通和醫療基金。他的告別式中，來自故鄉的村民和他牧會的村民竟然全員到齊，包括老少婦孺、外地返鄉的青年，大家為了這位為愛燃盡生命的傳道師流下了不捨的眼淚，上帝以江阿勇傳道短暫的生命見證了「愛」的生命價值和人生意義！

盧牧師所選的三十則生命故事，每一篇都充滿了主角的生命深情告白，他們的故事各不相同，卻都令人驚奇，都有共同的「愛」的訊息要傳達給我們。閱讀本書，我們受到的感動會激發出生存的勇氣、發揮生命的力量。即使面對人生的苦難和挫折，我們仍能藉著「愛」的散播和傳遞，每個人都可以感受上帝的「愛」，也可以成為「愛」的傳播者，讓這個世界更充滿愛的溫暖，也讓我們能對人生充滿盼望和得到信仰的喜悅，我相信這也是盧牧師出版本書的愛心。

我樂於和大家分享這本書所要傳達的愛的訊息！讓我們每個人都來打開這本書，好好體驗三十則對生命的告白，並努力活出人生的光彩，因為活著「攏是為了愛」！

（本文作者為前羅東聖母醫院院長、民報創辦人）

專文推薦

台灣多麼有幸能得到這些「心中有愛的善人」之眷顧

賴其萬

盧俊義牧師邀我為他的新書《攏是為了愛：30則以生命書寫的深情告白》寫序，我非常高興，他終於將這些為我們的故鄉做出這麼多感人事蹟的「善人」編輯成冊，我深感榮幸能夠先「讀」為快，並受邀撰寫推薦序。

我與盧牧師的認識是透過我的同班同學林信男醫師的介紹，後來承蒙不棄，我們有幸能邀他參加和信治癌中心醫院的臨床倫理委員會，一晃也快二十年，他的見解、直言、據理力爭給我留下很深的印象。他在醫院以「關懷師」的身分對病人的服務備受稱讚，幾個月前我親眼見證盧牧師為我所崇拜的彭明敏教授走完人生最後一段路的用心，留下很深的印象。

《攏是為了愛》這本書收集了一共三十位長期為台灣貢獻良多的善人之真實故事。他們擁有各種不同背景：十五位宗教師（包括基督教牧師或天主教神父、修士或修女，一位神父擁有醫師文憑）、五位醫師、四位大學教授（含一位公共衛生兼醫師）、一位護理師、一位助產師、一位藥師、二位音樂家、一位舞蹈家。其中男性十九人、女性十一人。

來自台灣有十二位（包括原住民一位）、美國六位、瑞士三位、義大利兩位，法、英、匈、西、比利時、菲律賓與日本各一人。

他們的共同點是他們一生都為台灣做了非常艱苦但很有意義的好事，是台灣的大恩人。我僅抄錄幾段讓我非常感動的話，讓我們大家共同回味：

- 「臨別的我有一個請求，我為台灣人擺上一生，我的父親也為中國人獻上四十年光陰，你肯不肯為自己的弟兄捐獻一點金錢，讓這個慈善醫院（門諾醫院）能夠繼續幫助貧困的病患？」（薄柔纜醫師）
- 「付出是不求回報的，當孩子減輕病痛，即使只是一個微笑，都會讓我感到安慰。」（滿詠萱修女）
- 「這些嚴苛的道德觀，對感染者而言，是比HIV病毒更具殺傷力的懲罰。」、「從這位病人身上學到的第一件事，就是此後絕不再問這句人們經常會問的話：

『你為什麼會感染愛滋病？』改成謙虛地問說：『我可以跟你學些什麼？』」（林惠仁修女）

● 「當一個人能將一生的生命活出耶穌基督愛世人的精神，致力於關懷弱勢以及偏鄉民眾的健康，就是在回應上帝揀選他的愛。」（陳拱北教授）

● 行政院衛生署也是第一次接受這種非醫療工作者，表示給予高度肯定，頒發「醫療奉獻獎」給丁德貞修女。當時她一再謙讓，說自己「很不配」、「我不是醫生，也不是護士，我是修女」，但大家用盡各種理由，終於說服她接受，於是她在領獎時說了這樣的話：「我真的很愛他們，我也知道他們愛我！」

在即將寫完這篇推薦序時，我忍不住要說，盧牧師廣博群書，又是第一流的「講古仙」，是不是往後還可以再寫《攏是為了愛》的第二集、第三集，感動更多的國人，讓大家更懂得珍惜故人為我們台灣所做的努力，而效法他們，人助自助，使我們美麗的家園更美、更安全。

最後，我要謝謝盧牧師在書中的交代：「若你有機會路過台東海岸線，不妨暫停下來，去小馬天主堂後院的墓園探望這些安葬於此的神父們，向他們行個最敬禮，表達誠摯的謝意。」我回國後住過花蓮三年，也去過台東多次，但我下次再去台東而不去小馬天主堂拜謝這些心中有愛的善人，那我就白活了這段人生。

（本文作者為和信治癌中心醫院醫學教育講座教授）

作者序

有愛，才有生命的契機

從二〇一七年二月開始，民視電視台開闢一個很特別的帶狀節目《台灣學堂》，這節目中有許多不同的課，而我負責開的課是〈這些人，這些事〉，當時每個禮拜一至五都有我的節目，一直到二〇二一年十月，我結束這個節目。

我從二〇一六年十月開始錄製這節目，直到結束時剛好滿五年，而在這長達五年的時間裡，我一共講了七百二十八個人物，以及其它的歷史故事，包含〈創世記〉、〈路加福音〉和〈使徒行傳〉等三卷聖經故事。這五年也可說是我生命旅程中最為忙碌的時段，因為除了每禮拜二要去電視台錄影，同時每禮拜三、五早晚在雙連長老教會開了四個查經班（從二〇一三年開始），也在每個禮拜一到和信醫院去當「關懷師」並且帶一個查經班，然後每兩個禮拜六要去一趟台東基督教醫院帶領查經班。

我有一個習慣，不論是講道、查經、演講等，都會寫逐字稿，這是從神學院時期就培養起來的習慣，且是堅持到現在都不改變。因此，每禮拜我都要寫電視節目所需要的五篇講稿，必須在錄製節目前把講稿交給製作單位。後來，民視因為節目調整關係，從二〇二〇年開始改為每禮拜播出兩集，本以為以後可以輕鬆一點，但沒想到，也是在那一年開始，中華電信公司附設的podcast節目平台「i聽聽」邀請我去用台語講聖經，也是每禮拜一至五早上播出，我同樣必須將講稿提前交給製作單位。

查經班的講義也需要先給教會或醫院，請他們幫忙列印出來，這樣參加查經班的兄姊才有講義可以用。而這些講稿、講義，都是我坐在電腦前，一個字一個字親手打出來的。在這段時間中，我曾經因為每天坐太久、少運動，導致腰椎受傷、入院急診，住院一個禮拜治療，而現在則是出現了「五十肩」的後遺症，復健科醫生還因此笑著跟我說：「盧牧師，這是五十歲的人容易得的病，你變年輕了！」

每當我因為忙碌而感到相當疲憊時，我都會想起自己在電視節目中介紹過的「這些人，這些事」，這些留下美好腳跡而成為我生命典範的前輩；他們都把自己的生命奉獻出來了，特別是許多早期來台灣傳福音的宣道師們，更是如此。每當想起他們的事蹟，或是在寫介紹他們故事的稿件時，我經常會感到自己確實做的不夠多，也不夠好，距離所謂當傳道者要為福音「奉獻一生」的「誓言」還很遙遠，也為此感到相當羞愧。然而，這也更加激勵我盡可能地學習他們奉獻的精神。

每當受邀去社團、學校，特別是教會演講時，我都會先從這些奉獻一生在台灣這塊土地上的人物故事切入，我只有一個希望：看這些人這麼愛台灣，我們身為台灣人，在這裡出生、長大、受教育，怎可以不更愛台灣呢？

當然，每個人表達愛的方式都不一樣，但至少不應該只停留在嘴巴上講講，結果一開口，就可聽出是在嫌棄自己的土地；一有行動，就可看出是在糟蹋這塊上蒼賞賜給我們居住的土地台灣。這使我常常想起《西雅圖的天空》這本書中所介紹的那位美國西雅圖酋長，他寫給美國總統的信中說：「土地，是我們的母親，怎麼可能有兒女在出賣母親的？」我也想起有一次跟紐西蘭的毛利族人一起開會時，也聽他們說出同樣的話。

我要謝謝民視電視台讓我開〈這些人，這些事〉這個節目講這些人的故事，更要感謝啟示出版社的總編彭之琬姊妹，總是鼓勵我繼續寫這些經常掛在我嘴上的人物故事，也要特別謝謝責任編輯周品淳小姐的用心和耐心，花很多時間替我大刀闊斧地修整這些講稿，才使這本書得以順利出版。

希望這本書中的人物故事能帶給讀者朋友一些觸動與啟發，並藉此找到自己的生命價值與意義，那就是最美好的事了。

盧俊義

＊本書中的聖經名詞（如章名、人名等）在全書正文首次出現時，以基督新教、天主教之通用譯名對照的方式呈現，以便讀者閱讀。

01

燃盡生命，只為守護奇美部落——江阿勇傳道

各位讀者一定無法相信，台灣銷售最多的報紙《自由時報》，會將山地部落中一位名不見經傳的年輕傳道者的出殯儀式，用頭版半個版面的篇幅加以報導。但這卻是事實，時間是二〇〇八年五月十五日，標題是「牧師捨身守護部落，千人送別」。我想這大概是報紙媒體空前絕後的一次報導，因為今天已經很難再找到會被媒體記者和報社總編這樣看重的牧師或傳道者了。

本篇介紹的對象，是一位年僅三十五歲就因肝癌去世的傳道者，名叫江阿勇。他是長老教會的傳道師，還沒有封立為牧師。

江阿勇傳道是布農族人，原住民名字叫「Pima」，這名字的意思是「像馬一樣勇往直前」。從小到大，不論是讀書還是運動，他確實是像他父母給他取的名字一樣，

只要決定了的事，一定是全力以赴，從不退怯。後來他去世時，部落裡有很多人想起他父母為他取的這個名字，果真很像他表現出來的傳道者樣式：為了傳福音，連命都拼了。

他是在一九七三年出生在花蓮縣萬榮鄉，這是個布農族人和阿美族人聚居一起的部落。出生在這種山區部落裡的年輕人，可以考上台大法律系，就可知道江阿勇傳道師確實是個很優秀的青年。從小學開始，他的課業成績就相當出色，高中畢業便以第一志願考上台灣大學法律系。當年他考上時，整個部落就好像中了彩券頭獎一樣地歡悅，因為他是部落裡第一個考上大學的青年，而且還是考上台灣大學法律系，整個部落的人都以他為榮。很多人都深深期盼將來他可以成為部落裡第一個律師或司法官，但他沒有，他選擇了另一條路。

一九九七年，當他從台大法律系畢業時，他的同學中有很多人是出國繼續深造，也有許多同學選擇上研究所，另有一部分同學是到律師事務所實習，準備考律師。因為江阿勇傳道的課業相當優秀，可以申請到國外大學的獎學金，他的同學都以為他應該會出國念書。在一般人看來，這樣的前途真的非常可以期待，但江阿勇傳道在畢業前改變了主意。他放棄到國外進修，也沒有繼續上研究所，而是選擇回到自己的原鄉去教書，顯示了他真正的草根性。他先到崙山國小服務，後來又到馬遠國小當老師。

經過四年在國小教書的服務後，在二〇〇一年，他決定要獻身當傳道者。當他做了這個決定，且去投考長老教會在花蓮一所專門培育原住民傳道者的玉山神學院時，確實令他在台大的同學相當不解，大家都想知道到底是什麼原因，讓他做出這種選擇，但他沒有多做解釋，只是帶著微笑面對每個人的疑問。後來，他考上了玉山神學院的神學研究所。

就像過去在台大法律系讀書時一樣，他是個活潑好動，喜歡彈吉他、彈琴、唱歌、打球的學生。他在玉山神學院的課業也一樣優秀，是學校老師想要栽培成為未來師資的對象。

二〇〇五年六月，他完成了學業，畢業典禮那天，他的家人非常高興地來神學院參加他的畢業典禮。典禮結束之後，他和他的父母來向當時的副校長陳南州牧師道謝，因為陳牧師一直很鼓勵他，還替他申請外國神學院，準備送他出國進修。那天，陳牧師拿了一份資料給江阿勇傳道，是國外非常有名的普林斯頓大學神學院的入學簡章，只等著他填好表格、完成三年的傳道師工作後，就可以出國進修了。

長老教會的制度，是應屆畢業的傳道師必須在八月第一個禮拜日到教會去報到。

因此，在同年八月第一個禮拜日，江阿勇傳道被派到位於瑞穗鄉布農中會「奇美長老教會」報到，開始他的傳道工作生涯，成了部落內老人兒童的保姆，照顧族人生活的大小問題。

第一個禮拜日的「震撼彈」

奇美長老教會的所在地是一個他完全陌生的部落，他不曾去過。他開著父親給他的「筒頁仔車」，照著打聽好的路徑往深山裡一直開過去，那條跟「九彎十八拐」有得拚的山路，連他這個年輕人都有點吃不消。同時他也知道，越是深山裡的部落，就越需要講母語，因此，他在車上也一直練習，想著當抵達教會的部落時，遇見人一定要用布農語問安。

奇美村真的很像一個世外桃源的村莊。剛進入村落，就看見很美的禮拜堂聳立在那裡，但禮拜堂的庭院卻是雜草叢生，一看就知道這是一間已經有好一段時間沒有傳道人牧養的教會。他把車子開到禮拜堂大門口，把行李拿了下來，正準備開門時，卻發現大門鎖著，而且鎖還生鏽了，怎樣也打不開。整間禮拜堂看起來就好像是很久沒有聚會的樣子。

禮拜堂對面有一戶人家，知道新的傳道來了，特地準備了飲料端過來。這對夫婦是教會的執事，很不好意思地說：「不好意思，我們已經好一陣子沒有聚會了！」原因很清楚，因為沒有傳道人。

打開禮拜堂大門，很明顯有一層厚厚的灰塵堆積在所有的東西上，傳道者的宿舍裡也有一股濃濃的霉味。江阿勇傳道沒有埋怨，因為選擇傳道這條路是自己決定的，沒有人強迫。於是，他拿起掃把開始清潔禮拜堂，打開窗戶和宿舍的門窗。他很清楚一件事：第一個禮拜天，一定要讓信徒感覺到「新」的氣息和盼望。

禮拜天，江阿勇傳道起了個大早，再次巡視了整個禮拜堂的周圍環境——經過他打掃後，確實看起來很不一樣。依照他大學時代在台北聚會的經驗，禮拜日最早有兒童主日學、少年團契等聚會，不然至少也有清晨的祈禱會。但他等到快十點了，卻連一個小朋友也沒有，更談不上青少年。最後，他看見禮拜堂對面那對執事夫婦走過來，再來就是幾個上了年記的老人，姍姍來遲進入禮拜堂。

他第一個感受到的，就是沒有青年人。他也知道原住民山區部落和偏鄉共同的景象，就是年輕人都到城市去打拼，留在山地原鄉部落的，不是老人就是年幼的孩子。

但無論如何，這是禮拜日，大家要聽他講道，總不能讓大家第一次聽他講道就失望。他事前花了很多時間準備講道稿，還寫在電腦裡，一字一字地寫下來。

可是整間禮拜堂，稀稀落落的不到十個人，有鋼琴，但有好幾個琴鍵已經壞了。沒有琴手，沒關係，江阿勇傳道自己會彈，因此，禮拜開始他就去彈琴，教大家吟唱聖詩，可是現場只有鋼琴和他唱歌的聲音，那些會友好像都不會唱的樣子。然後要講道了，他走到麥克風前，插頭有接電，卻沒有聲音，原來麥克風早就壞了。那位執事跟他說：「江傳道，那已經很久沒用，就不要用了。反正沒幾個人，就先將就一下，再來修理看看是否還能用。」

第一個禮拜天，就在這樣處處被潑冷水的情況下結束了。但他並沒有失望、氣餒，而是開始思考：我要怎樣帶領一個荒廢成這樣的教會。

從輔導孩子念書開始

他知道只倚靠自己的力量是不夠的，他需要上帝的聖靈力量幫助。他也知道他應該要做的第一件事就是去探訪會友，這樣才能認識他們，也才能多少聽他們說說看，來禮拜有什麼困難。教會的執事告訴他，會友早已不把來禮拜當作一回事了，因為他們連三餐溫飽都成問題，年輕人外出，老年人體力越來越差，想去山裡摘果實都很困難，更不用說要耕種了。

他聽了之後，知道只要有小孩就好辦事。因為他知道抓到小孩的心，就會抓住小孩的父母、特別是阿公阿媽的心。於是，他買了些可口的零食，然後找一兩個小朋友來，教他們唱詩歌，也跟著小朋友學他們在家裡跟阿公阿媽學的布農族母語。因為江阿勇傳道發現自己講的布農母語，有些阿公阿媽好像聽不太懂。

小孩子的傳播力非常強，剛開始只來了兩個小孩子，第二個禮拜就來了四個，接著每次都有新的小朋友跟著來。因為江阿勇傳道曾在國小教過書，知道怎樣幫助小朋友學習課業，所以來教會的小孩子在學校的成績都有明顯進步，導致有些家長還以為他在開補習班。學校的校長、老師聽到這件事也都感到相當驚奇，竟然有傳道者會給小孩子輔導課業。

有零食可吃，還可以讓成績進步，小孩子都很喜歡來教會找江阿勇傳道。就這樣，經過半年時間，透過小孩子的口耳相傳，越來越多的村民開始對江阿勇傳道另眼相看。更有趣的，是有越來越多已經好一陣子沒來教會的信徒回來參加主日禮拜了，也有會友會在禮拜儀式結束後留下來跟江阿勇傳道聊天，想要瞭解他。這跟他剛來的時候完全不一樣。

越來越多小孩子來參加聚會、讀書，也跟著江阿勇傳道一起運動。他設計了許多不一樣的競賽，讓小孩充滿熱情，往往有小孩說要留下來跟他在一起。漸漸地，禮拜堂每天都打開，每天都有小孩子來。他們學會打掃禮拜堂四周環境，用這種方式來對江阿勇傳道表示謝意。因為跟小孩子的接觸很頻繁，江阿勇傳道也因此發現，除了自己的奇美部落，隔壁的部落也欠缺孩子可以閱讀的書籍。雖然他自己買了些童書，但都已經被大家翻到破損了。

有一次，他上台北參加一個特別的團契聚會，他就利用該次機會，分享他在山區所做的課業輔導工作，以及他所需要的幫助，就是請大家捐助童書。他萬萬沒有想到，上帝的聖靈真的感動了所有在場的會眾，除了有人答應定期捐款幫助他外，更有人聯繫童書出版社，有好幾家出版商一口氣捐了超過一萬本的書，用兩部大卡車載到這不到三百人的奇美部落。

那天的情景，真的開了村民的眼界。大家都把手邊的工作放下來，連剛生小孩的人也把孩子背在身上，一起來整理兩大卡車的書籍。江阿勇傳道馬上聯絡奇美國小以及鄰近村落小學的校長，然後最有趣的一幕發生了：校長們帶著全校師生到奇美教會，把書背回學校的圖書館。就這樣，四、五個村落的小學都有數以千計的書本可讀。

大家越來越信任江阿勇傳道，有的人找他幫忙聯絡到城市工作而失聯的孩子，每次他都使盡所有力量，設法找到。他在台大的同學有的已經當上司法官、律師，人脈很夠，都很願意幫助他，也不再笑他的選擇。村裡若有人的孩子在都會區工作，有了法律上的問題，都知道要找江傳道。有許多村民需要下山就醫，江阿勇傳道都把他們當成自己的父母、至親一樣，一定馬上排除困難，用他那部老爺車當作救護專車，載他們下山到門諾醫院就醫。也有一些老人沒有低收入戶補助，法律系出身的江阿勇傳道就成了最佳的代辦跑腿員。

聽奇美部落的族人說，有一次颱風天，患肺結核的老人家半夜咳不停，江阿勇傳道冒著山區產業道路可能隨時會坍方的危險，在狂風暴雨中把老人家送到百公里外的花蓮門諾醫院急救，甚至還留在醫院照顧老人家。此外，他擔心老人家吃飯不正常，還會幫老人送餐，也為了籌措經費到處募款，忙得沒有自己的時間。他幾乎忘記了自己要準備申請美國普林斯頓大學神學院的入學，他只想到一件事：要怎樣幫助村落的族人清楚知道，生命中要有上帝的保守，才不會孤獨。

活出生命的內涵

有一次有一群小孩在遊玩，卻發生爭吵，且吵的聲音相當大，江阿勇傳道聽了就趕緊跑過去。奇美部落是個布農族和阿美族共聚的部落，兩族的人常會因為某些看法的差異而產生摩擦，他因為是大家都認識的傳道者，常被請去協調兩邊糾紛。事情發生在大人身上，往往是田地的界線分不清楚，有時是東西損壞了互相指責。現在事情發生在兩個國中生的身上，讓他感到詫異。

有些小孩看見江阿勇傳道跑過去，也跟著跑去想看個究竟。這時他聽到有人喊道：「傳道來了，不要打了！」他一聽，就知道一定是阿美族和布農族的孩子打架了，因為同族的人不會打架。他衝進旁邊圍繞的人群裡，看見兩個國中生真的開打，且兩個都掛彩，衣服也撕破了。他就問他們為什麼要打架，有事可以好好說啊。兩個少年用凶惡的眼神看著對方，卻都不開口講話，倒是旁觀的一個孩子說，他們兩個都想要當吉他手，但吉他只有一支。

此時布農的少年大海才開口說，每次都是阿美的馬耀佔著吉他不放，在學校也是這樣，都會佔布農學生的便宜，現在也是他霸佔了吉他，不讓別人玩。馬耀聽了大海這樣控訴，很不高興，就說：「這個村落本來就是我們阿美族人在居住的，是你們布農人自己來跟我們住在一起，還說我們搶你們的。」大海一聽更生氣，想要衝過去打馬耀。江阿勇傳道看見馬耀一臉忿怒，準備要把衝過來的大海痛打一頓的樣子，就跟馬耀說：「你不要這樣說，不論是阿美或是布農，都應該好好相處在一起。因為你們的祖先原本就是好兄弟。」

這句話讓阿美族的馬耀和布農族的大海都不敢相信，但他們都相信江阿勇傳道從來不會說假話。在場所有的孩子都聚到江阿勇傳道的身邊，想要瞭解他們祖先的事。於是江阿勇傳道這樣說：

很久很久以前，布農和阿美是一對好朋友，布農是哥哥，阿美是弟弟。他們住在一起過日子，一起喝酒慶祝節期，也一起收割農作物。他們也因為有不同的專長，便分開到不同的地方去開墾拓荒耕種。後來阿美變成活潑熱情的漁夫，布農變成內斂沉穩的獵人。但他們不管是去捕魚，或是狩獵，都會將所得到的跟彼此分享。在星光和月亮下，他們一起喝酒、分享所得到的。他們用同一支酒瓶喝酒，是無話不說的好朋友。

沒有想到，當江阿勇傳道講完這故事後，在場的布農小孩和阿美小孩竟然把手伸到旁邊小孩的肩膀上，手勾著手圍繞成一圈，大家唱起村落裡最熟悉的歌曲，也是江阿勇傳道教他們唱的詩歌。這就是江阿勇傳道，被村裡所有的人尊崇著，大家都相信他傳講的信息，不只是小孩，連大人也都聽他的。

時間過得很快，一晃三年，也是江阿勇當傳道在這裡的最後一年，他必須寫工作報告，好準備牧師考試。就在二〇〇八年農曆過年後不久，他替會友申請補助款而到瑞穗鄉公所，被鄉公所的社工師看見他在咳嗽，咳到說不出話來。社工師端一杯熱開水給他，突然發現他咳出一口鮮血，社工師覺得不對勁，馬上要他去看醫生，半強迫地逼他去門諾醫院檢查。

這一檢查，才知道他的肝臟有很大的腫瘤，且指數相當高。這時，江阿勇傳道才發現自己病了。經過門諾醫院全院醫護人員的努力搶救，還是無法治癒他的肝癌。在二〇〇八年四月六日，他安息了，享年只有三十五歲。

同年五月十四日，在江阿勇傳道的家鄉馬遠村部落舉行告別式，部落老人家感念地說：「江傳道在部落服務只有短短三年，卻像有三十年那麼久！」參加告別禮拜的還有來自他牧養的奇美村的住民，村長說他們全村的人，不論老人或小孩全都來了。

此外，他故鄉馬遠村的居民也全部總動員。

兩村的人口加起來不過五百人，現場卻湧入近千人送他最後一程。雖然告別禮拜不像一般公眾人物告別式那樣莊嚴隆重，但來自山間小部落的婦女、小孩頻頻拭淚，對他的不捨之情盡在其中。他生前就有寫下遺囑，要把大家為關心他而捐助給他的醫療費用，剩餘的全都捐出來，分別捐贈門諾醫院以及成立奇美村醫療基金，用於部落老人就醫接送的交通費。

江阿勇傳道的一生，就像我所說的「生命不在於長短，而在於活出內涵」。他確實是這樣做到了。

02 台東孩子們永遠的龍爸爸——龍樂德醫師

「世界上有許多事可以等，但孩子健康的成長不能等！」這句話是來自美國「基督教協同會」傑出的小兒科醫師龍樂德（Robert G. Long, M.D.）在一九九〇年寫給當時的衛生署長張博雅女士的信中，一句讓人十分感動的話。

龍醫師會寫信給張博雅署長，是想要告訴她，台東地區的小孩醫療資源相當欠缺，若是能及早推動健康檢查，對正在成長的孩子必定很有幫助。張博雅署長看完信之後很受感動，就做了一個決定：全台東縣所有國小每個學童的健檢費一百元，由衛生署負擔七十元，另外三十元則由台東基督教醫院負擔。就這樣，這項檢查工作從一九九一年一月持續到一九九二年三月，整整十五個月時間，龍樂德醫師率領醫療團隊，在當時台東縣內一百零一所國小、八間分校、十二個分班，總共完成兩萬四千八百四十九個國小學童的健康檢查。

當時在龍樂德醫師身邊跟診的高梅嬉護理師這樣說：「不好做的苦差事，最難走的山路，都是龍醫師攬到自己身上，承擔下來。」高梅嬉護理師一談到龍醫師，除了佩服之外，就是心疼地猛搖頭。因為有時連她身為跟診的護理師都跟不上龍醫師的腳步，特別是他對貧困對象那種無私的愛，常讓她感到汗顏，因為真的跟不上啊！

龍樂德醫師於一九三七年出生在美國紐約。原本並不是基督徒，但在十八歲那年偶然間聽到福音的信息深受感動，決定受洗信耶穌。這信仰影響了他一生的工作和生命態度，他向上帝許下心願：一生將遵行上帝的旨意，照著聖經的教導去關愛需要關心的人。他想投入醫療服務的工作，因此他跟上帝禱告：「如果祢要我當醫生，請祢替我將那扇門打開；如果這不是祢要我做的事，就請祢將這扇門關了。」

或許是上帝垂聽了他的祈禱吧，龍樂德醫師原本是想，如果無法進入醫學院，就去當小學老師。結果在高中畢業前，他申請到三間醫學院，最後他選擇了紐約的阿爾巴尼（Albany）醫學院。他的妻子朱蒂（Judy）則是他讀醫學院時，在教會裡遇到一對夫妻介紹了自己在外地讀大學的女兒。朱蒂在結婚前就知道龍樂德醫師未來很可能會離開美國，到外國的偏遠地區進行醫療宣教的工作，但她決心和先生一起走遍天涯海角。

完成醫學課程之後，他因為優異的成績而獲得「阿爾巴尼獎」。這使他原本可以留在美國第一流的教學醫院工作，享有最好的待遇，過著相當富裕的生活，但他沒有選擇這樣做，而是帶著妻子一起到日本琉球醫院的小兒科，服務了三年。

一九六九年五月，他收到台東基督教醫院的創院院長譚維義醫師的信，便利用琉球服務工作結束、要返回美國之前的空檔，夫婦倆先來台灣一趟，在譚維義醫師陪同下參訪了台東縣各鄉鎮，也在短短幾天中跟著譚醫師到台東海線的村落去巡迴義診，對台東醫療資源的不足有了深刻的印象。

原本他打算回美國探親之後，就來台灣加入譚醫師的醫療服務行列。但他們回到美國時，越南戰爭正熾，很多醫生考慮到安全問題而不願去越南，他們夫婦卻毫無顧慮，立刻帶著一男二女前往砲聲隆隆、哀聲遍野的越南。就這樣待了五年，直到北越的軍隊步步進逼，他們才難過、倉促地逃離越南。

上帝總是有奇妙的安排，龍樂德醫師原本想來台灣沒有來，而是去了越南。他回到美國後，到哥倫比亞聖經學院與宣教士研究所進修。有一天他翻閱一本神學雜誌，裡面提到當時著名的佈道家葛理翰牧師，將其著作《天使：神的密使》的版稅奉獻一部分給「台灣台東基督教醫院」，用來幫助成立小兒科病房。

這則報導勾起了他之前來台灣的經歷和記憶。於是龍醫師夫婦透過祈禱，且和幾間教會傳道者交換過意見之後，決定在一九七七年舉家來到台灣。他們夫婦先到台中天主教「瑪利諾會」辦的語言學校學習華語，兩年半之後，搬到台東定居，從此將自己奉獻給台東基督教醫院，協助該院開創小兒科病房。

絕不放棄任何一個孩子

龍樂德醫師一直堅持一個很重要的信念：絕對不放棄任何一個孩子！在龍醫師眼裡，每個孩子都是寶貝，每個他診治的病童，他一定都會盡心盡力地治療。除了醫院門診的孩子外，他也會利用醫院醫療服務隊出去巡迴義診的機會，到家家戶戶去訪視，看是否有小孩在家裡，有的話就順手看診。每當發現孩子身體有問題，他就會立刻讓孩子的父母知道，然後把孩子帶回醫院治療。這種細心又充滿愛心的原動力，就是來自他的基督教信仰。

身高有一八二公分的龍樂德醫師，看小兒科確實很有一套，讓所有去看他的小孩子都不會害怕。他常會對小孩說：「哇！你的心臟裡有青蛙在蹦蹦跳耶！」或說：「天啊，你的嘴巴裡有皮卡丘喔！」要不然就是會跟孩子說：「我們看看嘴巴裡有沒有米老鼠。」類似這樣的童言童語，常常逗得小孩大笑起來，因而忘了疼痛和不舒服，也不會害怕看醫生了。

在他設立的小兒科診療室裡面，每天都充滿著熱鬧喜樂的氣氛，牆壁上張貼了彩色的海報，天花板上垂懸著可愛造型的動物玩偶。當有藥水味的壓舌板看過喉嚨、冰冷的聽診器巡行過胸口，有些小孩害怕得快要哭出來的時候，龍醫師就像變魔術般地隨手一抽，不知從哪裡抽出一張貼紙給孩童看，原本想哭的孩童望著色彩漂亮的小貼紙，都樂開懷了！這樣的看病方式，讓病人與家屬都很安心。

台東基督教醫院醫療事務室的事務員李秀梅回憶起二十四年前，和龍醫師一起進入醫院工作的陳年往事，臉上不禁泛起了笑意。她說：「龍醫師是位仁心仁術的小兒科醫師，除了要求護理人員要全天播放音樂給住院病童聽、安撫他們的不安情緒外，更不時在處方箋上面寫：『請給孩子多一點愛吧！』」

堅持「站在人的立場看病，而不是站在職業的立場看病」的龍樂德醫師，曾因為這個理念而感染過一場來勢洶洶的急性肝炎。那是有一年，一名罹患肝膿腫的病人陷入緊急狀況，在無計可施的情形下，龍樂德醫師明知危險，卻仍然毫不考慮地以「口對口人工呼吸法」去急救這個性命垂危的病人，結果他自己反而被感染了B型肝炎，躺在病床上一個月才復原，而他卻說：「若當時不用口對口，就會來不及救，沒有辦法。」

為台東所有學童做健檢

龍樂德醫師發現，許多台灣的孩子從來不曾與醫生接觸，更不要提身體健康檢查了。他說美國的制度是每個學童每四年要做一次健康檢查，若是從事特別運動的學童，則每年都要檢查一次。因此在他的建議下，從一九八六年起，台東基督教醫院與「世界展望會」合作，為南部偏遠地區的「貧困資助童」做體檢工作。

一九八七年，他應台東縣賓茂國小校長所請，為全校學童做健康檢查，發現賓茂國小與南部許多學校的學童都患有各種不同的疾病，但不檢查就無從發現。於是，「大膽」又「愛管閒事」的龍醫師覺得有必要讓台東縣所有國小的孩子都能做健康檢查，所以他就給當時的衛生署長張博雅女士寫了一封相當感性的信，希望衛生署能夠伸出援手。

這封信終於有了回應，龍醫師收到回信時說：「張署長真好，她答應了！」於是龍醫師馬上就擬了周詳的計畫，檢查項目包括頭、眼、耳、鼻、牙齒、心、肺、脊椎、肝、脾、淋巴、皮膚、生殖器……等。他也決定由最偏遠地區的少數學童開始檢查，理由是「他們較少有機會看醫生」。這是過去從來沒有過的事。

台東縣地處深山，迷你國小、分校、分班很多，有時候全校才二十多名學生，而分校分班通常只有六、七名學生，這些孩子分布在山區各處，很多都要「翻過一個山頭」才可以到達。山路難行，這個健檢團隊跋山涉水，進行得相當艱辛，但當他們終於完成這項健康檢查的壯舉後，龍醫師說：「能夠為這些孩子做檢查，早期發現孩子身上有問題，這是我在台灣二十五年來最快樂的一段時間。」

最令人感動的，是到東河國小健檢時，大家準備到一半，校長突然想起在偏遠的分校還有六個學生。龍醫師聽到，二話不說，轉身對同行的兩位醫師說：「你們留在這裡，我走路到分校去。」另外一次，他們到達仁鄉排灣族的新化部落，走到產業道路的柏油路都看不到了，大家都無法想像怎麼會那麼遠，甚至有同工說：「這樣算起來，人力、物力，加上車子的油資，很不合算啊！」龍醫師聽了之後，只平淡地回應道：「可是這是偏遠地區，沒有醫生啊！」大家聽了之後就沒再多說什麼，跟著龍醫師把該做的事完成。

這次大規模健檢的結果發現，學童中患有嚴重疾病的（如肺炎、心臟病、腎臟病、脊椎側彎、疝氣）約占健檢總人數的百分之五至六，也就是有一千四百人之多，其中有疝氣的兒童就有四百個左右。這結果連其他醫師們看了也驚訝到不行，直呼：「怎會是這樣！」其它患有頭蝨、膜炎、耳炎、鼻炎、齒病、疥瘡、癬的學童就更多了，相比之下只算是小病一樁。還好有龍醫師推動這項健檢工作，很多孩子有疝氣和先天性心臟病，但因為從來沒有接受過檢查，家長根本都不知道自己的孩子身體有問題。

由歷年來看病、醫病的經驗累積，龍樂德醫師知道台東縣有些家長對兒童並不關心。他體諒有些家庭確實在經濟上有困難，於是他又向醫院訂下了這樣的規定：凡參加本次健檢的學生，在回基督教醫院治療時一律八折優待。可惜，既使如此，大部分病童仍然沒有回到醫院治療。但龍醫師並沒有因此就算了，他要社工師逐一打電話追蹤，要問清楚這些學童是否有去別的醫院治療，若是沒有，就一定要說服家長將孩子帶來醫院。這就是龍醫師告訴所有醫療同工、也是他堅持的信念：「絕對不放棄任何一個孩子！」

奇蹟救活「巴掌嬰兒」

最讓龍樂德醫師印象深刻的，就是在一九八四年的某一天，一對夫婦將一名奄奄一息的早產兒送到醫院來。那名女嬰提早四個多月出生，體重只有六百克，正好是一台斤，真的是「巴掌大」。這樣的小小嬰兒竟然可以在沒有任何醫療設備的情況下撐過五天的生命，直到她的父母不再抱存什麼希望時，才抱到台東基督教醫院來找龍醫師救救看。

醫院同工不敢抱任何希望，但龍醫師對早產兒及病重兒都從來不曾放棄，堅持要救治每一個孩子。在他和團隊的日夜細心照顧下，這個「巴掌嬰兒」奇蹟似地被救活了。為了感謝上帝的恩典，龍醫師打破自己不為新生兒命名的慣例，特地為這小女嬰取名「美恩」，意謂「神奇的恩典」。之後，美恩每隔一陣子就會回到醫院，接受龍醫師的治療與照料，身體全無殘疾，目前已經是個亭亭玉立的小姐。她稱呼龍醫師為「龍爸爸」，常常回醫院探訪這位救命恩人。

很多人不解，為什麼龍樂德醫師放著美國紐約的優渥生活不要，卻要到台灣的台東去進行醫療服務的工作？這是連他的兒子都感到疑惑的問題。他的兒子在十二歲時，看到有人寫信給父親，要高薪聘請他回美國醫院任職，但龍醫師卻回信婉拒。兒子問他：「爸爸，你為什麼不答應？」那時龍醫師只是幽默地說：「因為他們給的錢不夠多！」直到兒子長大，才發現父親是他們最好的榜樣，他對父親說：「謝謝爸爸，給我們這個機會在台灣長大。」

龍樂德醫師當年帶著妻子和四個孩子來到台灣時，沒有因為環境、語言和教育等問題而退卻，他們夫妻都非常清楚一件事：父母的身教，對孩子就是最好的教育。孩子總是會在父母身上看見值得學習之處，或是在成長過程中受到感動而跟隨父母的腳步。在龍醫師退休返回美國時，有兩個孩子留在台灣工作，每個孩子都以服務及助人為樂，最小的女兒甚至到非洲的坦尚尼亞去創立孤兒院，照顧沒有人敢靠近的愛滋病孩童。

龍樂德醫師為台灣後山小兒醫療的付出獲得大家的肯定，甚至被認為是「台東小兒科之父」，因此在一九九〇年得到第一屆「醫療奉獻獎」。然後在一九九八年，他從服務二十年的台東基督教醫院退休，再次前往他曾去過的越南投入醫療傳道。二〇〇〇年五月，又由越南回到台東基督教醫院參加新醫療大樓破土典禮，並獲得台東市頒發首座「榮譽市鑰」，表揚其對台東病患醫療服務之貢獻。

後來，他在同年八月底再回到台東基督教醫院服務，重新為小朋友看診；直到二〇〇二年六月正式辦理退休，返回美國。龍醫師可說是把他一生最精華的歲月都奉獻給台東，被台東人讚賞：「以好的行為傳播基督福音的宣教醫生。」

龍醫師將台灣視為「第二故鄉」。即使後來退休回到美國，每隔幾年，他都會帶著家人回到台灣。二〇一七年，他更是帶著全家族共二十五人回台，他說：「這可能是最後一次回台灣。我年紀大了，已經八十歲了，不知道以後還能不能再回來……」那次全家大小都穿上印有「台灣」圖樣的T恤，衣服上唯一的字樣寫著「台東」。

「為什麼一定要全家族都來台灣團聚呢？」有人這麼問龍樂德醫師。他說：「我們的四個孩子都在台東長大，台東就是我們的家；但是他們的孩子不認識台東，所以我們要他們認識，他們的父母就是在台灣的台東長大的。」

龍樂德醫師夫婦真是熱愛台灣的外國人。他真正地實踐了台東基督教醫院門口上寫的聖經經文：「他醫治憂傷的人，包紮他們的傷口。」（詩篇／聖詠 147:3）他們是令人懷念的醫療傳道者，用真實的愛疼惜台灣，留下美好的腳跡，就像使徒保羅（保祿）所說的：「傳福音的人，他們的腳跡多麼佳美！」（羅馬書 10:15）

03

用火熱的心培育原住民女性——吳甦樂修女

住在花蓮的人一定聽過海星女中（就是現在的海星中學）、若瑟小學這兩所學校，以及花蓮天主教的聖瑪爾大修女會，而這些學校和修女會全都和一位名叫吳甦樂（Sr. Ursala）的修女有密切關係。

吳甦樂修女是在一九〇四年出生於法國北部的亞棉市，一個非常敬虔的天主教家庭，家裡兄弟姊妹共有十人，她是家中的長女。就像許多獻身到世界各地去傳福音的神職人員與福音工作者一樣，他們都是從小就在家裡接受來自父母美好的信仰見證，或是在教會中聽到許多從國外回來的宣教師的工作心得，深受感動而願意跟隨他們的腳步。吳甦樂修女也是這樣，她在中學時代就決志加入和她同名的「聖吳甦樂修院」羅馬聯合會，並且接受嚴謹的訓練。

一九三〇年，吳甦樂修女完成訓練，也發了終生願，修會就派她到中國廣東廈門的汕頭宣教區服務。吳修女抵達汕頭之後，就積極地參與該修會在當地創辦的學校、診所、孤兒院的工作。她也在汕頭創辦「海星中學」，並且接下前任校長離開而空下來的「若瑟小學」校長職務。當時年輕的吳甦樂修女非常有活力，除了兩所學校的校務工作外，還另外開辦兒童和青少年信仰「要理班」，不但校務越辦越好，學生日漸增多，加入教會聚會的年輕人也越來越多。

直到一九四八年，共產黨已經控制了絕大部分的中國地區，包括廣東，便將吳甦樂修女所管理的海星中學和若瑟小學全部沒收、接管，並且關閉修院。吳修女在汕頭一直停留到被中國共產黨下令驅逐，才很不甘願地離開中國，回到法國的總會，負責培育修女的教育工作。

有一天，吳甦樂修女突然接到一封來自台灣花蓮的費聲遠主教的信，這信大概是這樣說的：「我來到台灣開拓福音的工作，沒什麼錢，但此地區人民生活條件很不好，窮苦。因此，很需要有修女來幫助他們做教育和慈善的工作。」

吳甦樂修女看完信的第一個反應是：這一定是來自天主的主意，要我去協助費主教。因為自從她被中國驅離出境之後，就時常在想這個問題，也常在祈禱中懇求天主，讓她再次有機會回到中國傳福音。但中國在毛澤東統治下，許多基督教的禮拜堂都被摧毀，連佛教的寺廟也是相同遭遇，這些消息一直讓她非常痛心、難過。但收到費聲遠主教的信，讓她重新燃起火熱的心，希望到台灣來投入她最喜歡的教育工作。因此，她將費聲遠主教的信轉寄給聖吳甦樂修女會的總會會長，希望總會會長允許她的請求。

很快地，她收到來自羅馬總會會長的回信，信的內容也非常簡單：「你去吧！去幫助窮人。天主會保佑你。」就這樣，吳甦樂修女帶著另外三位修女同行，在一九五八年到達台灣的花蓮，而這時的吳甦樂修女已經五十四歲了。

分享快樂，也分擔痛苦

當吳甦樂修女和另外三位修女來到花蓮，第一件事是創辦「聖瑪爾大修女會」，然後在花蓮美倫天主堂創辦「明德幼稚園」，在一九五九年創辦了花蓮「海星女中」。接下來，在隔年又創辦了「若瑟小學」，這就是今天的「海星小學」。吳甦樂修女將過去在汕頭所做的教育工作，重新在台灣花蓮又建立起來。也因為她過去在中國的經驗，她在花蓮創辦這些教育工作簡直就是得心應手，很快就讓海星中學和若瑟小學上了軌道。

因為吳甦樂修女的用心、努力，她的教育工作成績斐然、有目共睹，聲名很快就傳播出去。因此在一九六五年，吳甦樂修女又接到來自高雄教區的邀請，請她去那裡協助創辦「文藻外語專科學校」，這就是今天在高雄非常有名的「文藻外語大學」。

大家應該都很清楚，一九五〇年的台灣因為第二次世界大戰才剛結束，不但經濟生活困苦，教育資源也非常差，所以吳甦樂修女會這樣強調：「教育最重要的是在小學和中學教育，這是所有教育的基礎。因為這會幫助逐漸長大的青少年知道將來該做的事，不會成為社會的負擔。因此，我辦海星中學，主要的目的不是在升學，而是讓無法被照顧到的青少年孩子有個能收容他們的學校可讀，或是在其他學校不受歡迎的學生，可以到這所學校來。讓這些正在成長中的孩子，在這裡學到所謂的『尊重』別人，也從這裡學會看重自己，進而能夠重新站立起來，且學會怎樣去幫助更需要他們關心的人。」

就是因為這種精神，吳甦樂修女帶著其他三位修女創辦的學校，對花蓮地區偏鄉的居民來說，是非常重要的里程碑，特別是她們創辦的聖瑪爾大修女會，針對當地居民（特別是原住民女子），訓練她們擁有堅忍的心，以及服事福音最重要的愛心，讓這些將來準備獻身當修女的女子都清楚知道：愛，是超越種族、文化，以及地理環境界線的。而這就需要完全奉獻的心志才有辦法達到。

吳甦樂修女經常告訴入院的修女們：「多祈禱，全心信仰倚靠天主吧；一個全心信賴天主的人，遇到任何困難都可迎刃而解。」這句話很清楚，就是在說「要對上帝有絕對的信心」。因為上帝一定會伸手幫助倚靠祂的人。也因為這樣，在吳甦樂修女身上，幾乎聽不到抱怨的聲音，也不曾看過她有頹喪或失望的模樣，可說到了「忘我」的境界，把所有的一切都奉獻給修會。

她會耐心地傾聽、分享快樂也分擔痛苦，不但關心修女們的心靈，也關心她們的工作及家人。她一再提醒這些來自山區、準備要當修女的原住民女子學員們：「一定要找時間多看書，把握時間，克服所遇到的困難。」

她對自己訓練出來的修女們有一份很深的期待，因此，她這樣勉勵她們：「希望每一位成員如一棵樹的根，也成為教會內的根。一棵樹的好壞，在於樹根的好壞，有良好的樹根，才能發揮樹身的功效，為人群服務，成為一個不僅有外表且名符其實的有深度、有內在生活的修女。你們未來的發展，就要看每個成員現在生活的樣式——你們要為你們之間的團結作見證，絕對不要忘記你們雖然在這世界上，卻不屬於這世界，你們應當成為這世界的酵母。」

一九七一年，吳甦樂修女創辦的修女院、海星中學、若瑟小學都已經頗具規模，穩定地發展，而她帶領、訓練出來的原住民修女，到一九八五年，聖瑪爾大修女會已經擴展到花蓮的加灣、美倫、壽豐、玉里、富里、松埔、宜灣，以及基隆、汐止等九個地區會院。直到她年紀高達八十一歲的時候，雖然卸下了重責，還是居住在總會的會所宿舍內，每天都會帶領修會的院生祈禱、鼓勵她們。

負起社會關懷的責任

聖瑪爾大修女會的院生和培養出來的修女幾乎都是原住民，且是各族都有，也因此，吳甦樂修女很自然地更加關心原住民老人的生活，特別是那些兒女已經離開部落，到平地、大都會區去工作，而獨自留在山地部落中的老年人。因此，一九八三年，吳甦樂修女先在花蓮市區美倫的若瑟修院旁邊蓋了一棟二樓的房舍，作為收容這些孤獨原住民老人的安養所，取名為「聲遠之家」，以此紀念當年邀請她來台灣的費聲遠主教。這所養老院也是全國第一家專為原住民設立的安養中心。

很值得一提的是吳甦樂修女堅持：修女會應該要以基督的愛，負起社會關懷和教會牧養的責任。換句話說，在她的觀念裡，教會和社會是連結在一起的，是附帶有社會關懷責任的。所以她也率先帶領這些修女上山去關心獨居的原住民老人，用這種實際行動來讓修女們知道，要與社會弱勢族群站在一起，關心他們，這麼做就是在表明耶穌的愛。

此外，這些修女本身都是原住民，同樣出身弱勢的族群，這就更具意義了。因為吳甦樂修女要讓這些原住民修女知道：不要自以為軟弱，只要有真確的信仰，信靠上帝聖靈的幫助，在人看來最軟弱的，會因為上帝的幫助而變成最堅強的。她要告訴原住民修女們：不要自以為是原住民，就是軟弱、弱勢，這不是正確的生命態度。

果然，在這些原住民修女的努力下，這所全國第一間安養所，在一九九六年獲得內政部的肯定和獎勵。不但這樣，這些修女們又繼續在新城鄉興建新的老人安養中心，在二〇〇一年擴建為「聲遠老人養護之家」，提供全天性整體生活的照顧，也包括了院外獨居老人的居家照顧。這都是在實踐吳甦樂修女的勉勵，要把教會和社會結合在一起，用這種方式告訴這個社會：耶穌就是愛。

從吳甦樂修女創辦的聖瑪爾大修女會訓練出來的修女，都會謹記她告訴所有修女的話，就是要定根在土地上，且是要深耕。只有這樣，樹才能長大，才可以使土地安穩而不會發生土石流、崩塌下來。這些修女都很清楚，不論台灣這個社會怎樣轉變，只要樹的根夠深，樹根擴散廣大，就不用擔憂大風吹、大雨下，她們會成為一股看不見、卻相當穩定的力量。

吳甦樂修女在臨終之前，寫信給她創辦的修女會所有的修女們，她這樣告訴她們：「祈求聖母幫助每個人都成為慷慨大量的人。天主要求什麼、願意什麼，總是要回答：好的。要像聖母回答天使時所說的：『我是主的婢女；願你的話成就在我身上。』就算是每天生活中的一些小事，也是一樣。」

一九九二年，吳甦樂修女安息回到天家，享年八十八歲。她是一位對花蓮地區貢獻頗大的修女，也是一位很值得我們感念的修女。

04

為花蓮鄉親付出四十年的愛——薄柔纜醫師

「台灣的醫師到美國很近，到花蓮很遠！」這是一句很震撼台灣醫界人士的話，意思是許多台灣醫師寧可選擇留在美國，也不願到台灣的偏遠地區服務。

這句話是花蓮門諾醫院創院院長薄柔纜醫師（Dr. Roland P. Brown）在一九九一年得到「台美基金會」頒給他為台灣所做的奉獻獎時，他對在場許多醫界人士所說的話。也因為他的這句話，感動了當時在美國的台灣醫師黃勝雄，他是著名的腦神經外科醫師，後來就決定回來台灣，到花蓮接下了薄柔纜醫師負責的門諾醫院的棒子。

薄柔纜醫師是在一九二六年出生於中國河北省。他的父親薄清潔是醫師，同時也是美國門諾會的牧師，在一九〇九年偕同新婚妻子馬利亞到中國河南的開封從事醫療傳道的工作。薄柔纜醫師從小就受到父母當宣教師的影響，他的母親也期勉他長大後成為一名救世濟人的牧師，但當他年紀漸長，知道自己不擅言辭，並不適合成為傳道的牧師，因此進入大學時就以父親為榜樣，選擇成為可以救人生命的醫師。

一九五〇年，剛好遇上了韓戰，美國主導聯合國通過該次戰役為聯合國的戰爭，開始大量徵兵派去韓國戰場，而薄柔纜醫師也在此時奉召入伍。但由於他所屬的「基督教門諾會」是堅持和平主義、不拿槍殺人的信念，而薄柔纜醫師也堅信殺人是犯罪，深覺自己不該入伍上戰場，轉而向美國政府請求以其他方式替代服兵役。就這樣，他在一九五三年受差派來到台灣花蓮，加入「基督教門諾會海外救濟總會」的山地巡迴醫療隊，為原住民提供醫療服務。

當時花蓮的交通、醫療都非常欠缺，要到山區進行醫療服務工作，是一件相當艱辛的事。有一次，巡迴醫療隊的隊員們背著沉重的醫療器材，徒步十小時才到東海岸的「鹽寮」，準備為當地阿美族原住民的病人看病。沒想到，當地管區警員出來阻止，說薄柔纜醫師和其他工作人員不是本國人，除非有政府的許可證明，否則不能看病。無論薄柔纜醫師和其他同工怎麼解釋都沒有用，該警員很嚴厲地警告說：「不行，就是不行！」

因為天色已晚，薄柔纜醫師和其他同工們感到很無奈，只好在當地留宿一晚，打算隔天一早再背著醫療器材走回花蓮。但上帝的手很奇妙，不會讓這群充滿愛心的醫療人員白走一趟。當天深夜，那位阻止醫療隊的警員突然趕到醫療隊的住處，苦苦哀求薄柔纜醫師為他治病，因為他的肚子很痛。

薄柔纜醫師懷疑這位警員是否要趁機逮捕他，不然就是有不好的企圖，於是向這位警員說：「不行，你已經說我沒有台灣的醫師執照，不能在台灣看診。」這位警員雙手抱著肚子，一臉痛苦，聽到薄柔纜醫師這樣講，馬上向薄柔纜醫師道歉，且滿懷悔意地答道：「你是醫生，當然可以看病！」

於是薄柔纜醫師就給他藥，要他馬上服用，另外又包了幾包藥，叫他回去幾小時後再服用。這位警員感覺肚子不再那麼疼痛，舒緩了許多。要離開前，他一再告訴薄柔纜醫師說：「天亮，你們就可以看診了！」從那次之後，薄柔纜醫師在原住民社區各地巡迴醫療服務都相當順利。

自從薄柔纜醫師在原住民地區展開巡迴醫療服務後，每到一個地區，都發現許多原住民染有肺結核的病症。因此，他特地在一九五六年返美專攻胸腔外科，並於一九六〇年完成這項訓練。那時他才三十四歲，已是一位學有專精的胸腔外科醫師，他若是留在美國，必定可以有很好的收入，過著令人羨慕的物質生活，且享有很好的聲譽。但他一點戀棧之心也沒有，立刻回到台灣來，並且接下花蓮門諾醫院院長的職務，以他的精湛醫術救治了許多肺結核病人。

從未領過一毛錢薪水

當薄柔纜醫師決定帶著妻兒回到台灣時，他有個重要課題需要先解決：要還清一大筆醫學院的學費貸款！他的父親在中國奉獻長達四十年，當然不可能有錢支付他在醫學院的費用，而當時門諾會支付給海外宣教師的薪水，雖然夠生活所需，可是要歸還四年在醫院學習胸腔外科的學費，就相當困難了。就在這時候，薄柔纜醫師的叔叔主動替他還清了部分貸款，還有一對關心宣教工作的基督徒夫婦也借錢給他的「債主」，因此主動取消了為數可觀的貸款。上帝以最奇妙的方式回應了他們的祈禱。

其實，薄柔纜醫師夫婦決定再次回到亞熱帶且濕氣很重的台灣，是抱著很大的覺悟。花蓮並不是適合薄柔纜醫師娘居住的地方，因為她患有風濕性關節炎，美國的氣候與環境對醫生娘來說更適合，而台灣的氣候往往讓她關節疼痛難行。然而，信仰和意志超越了肉體的苦楚，他們還是選擇到台灣，在花蓮住下來。

薄柔纜醫師自己是個拼命三郎，對部屬的工作要求也非常嚴謹，每個與他共事的人對他都是又敬又愛。已退休的藥劑室主任黃萬財先生說：「最怕接到薄醫師打到辦公室的電話，他會出其不意問一些專業問題，讓人不得不努力讀書求取新知。」曾在開刀房與薄醫師共事多年的葉秀錦小姐說，在他手下的人若初次在工作上失誤，他會和顏悅色地解說，若二次、三次再犯，就會受到嚴厲的責備。因此沒有人敢在「老薄」（開刀房同仁對他的暱稱）手下敷衍行事。

然而，對員工如此嚴格的薄柔纜醫師，也有無比溫柔的一面，從不因繁忙疲倦而輕忽對病患的關照。曾有一位乳癌婦女需要住院治療，導致病人的女兒乏人照顧，薄醫師夫婦知道後，就將病人的女兒接回家中照料，直到患者出院為止。

前門諾醫院病歷室主任王金枝女士回憶說：「我年輕時，因腎病被迫切除一個腎臟，若不是薄醫師夫婦不斷為我打氣，我大概活不到今天。」王金枝女士當年是一位正值花樣年華的原住民少女，畢業於門諾護校，在開刀房與薄醫師共事多年。因嚴重的腎臟病，對人生甚感茫然。在薄醫師夫婦的扶持下，她不僅走過了死蔭幽谷，後來還進入關渡基督書院求學，而四年的昂貴註冊費也大多是薄醫師支付的。

王金枝女士原以為外國人都很有錢，後來得知薄醫師雖然擔任門諾醫院院長，卻從未支領醫院一毛錢薪水。他們住的房子是醫院的宿舍，他的生活費是由美國教會奉獻的，子女們在美國的教育費是貸款而來，連他們的愛女在美國動腦部手術，他們回美國探視的機票錢都得預支教會為他們預備的養老金。

一部偉士牌機車就是薄醫師長年在花蓮代步的交通工具，退休前兩年，他終於買了一部轎車，卻只是普通的台灣國產車。然而他們在退休時卻滿足地說：「感謝上帝，賜給我們在台灣四十年的生活都很實在、很快樂！」

對每一條生命堅守到底

所有認識薄柔纜醫師的人都知道，他是個對工作十分熱愛、執著的人，當年跟過他的醫學院學生們常在背地裡叫他「赤牛」，意思是他真的很像刻苦耐勞、賣力固執的黃牛。清晰的頭腦、明快的處事、驚人的體力、超多的工作量，這些都令醫院的同工們自嘆弗如。

有一次，大家心目中的「超人」積勞成疾得了肝炎，許多人不解地問：「薄醫師怎麼可能生病？怎麼肯生病？」大家這才知道薄柔纜醫師不是鐵打的。其實他患有長期的胃疾。一次次長達八九個小時的胸腔手術、半夜的急診、日間的門診、無數住院病人及繁忙的會議、行政事務，怎麼可能不把人累倒呢？就算是鐵打的身體也會垮下去。

然而，對上帝堅定的信心與愛心，就是薄柔纜醫師夫婦最強大的力量泉源。每次主持手術之前，薄柔纜醫師必定領著病人及醫護人員，謙卑地向上帝祈禱。他一直謹記聖經中的這段話：「年輕人會疲乏；強壯的青年也會困倦。但是倚靠上主的人，充沛的精力源源不絕。他們會像老鷹一樣張開翅膀；他們奔跑不疲乏；他們行走不困倦。」（以賽亞書／依撒意亞 40:30-31）

包括薄柔纜醫師在內，許多從外國來的醫療宣教師，特別是外科醫師，做手術前都有這樣的習慣，他們都在表達一個非常基本的信仰態度：若沒有上帝的手牽引，人的手所做的，就不會完美！

二〇一一年開始，我到台北和信醫院當院牧，直到今天，每當有要進開刀房的病人需要禱告時，我也是學習這些宣教師的方式，帶領病人和家屬代禱，也為醫生代禱。禱告的內容就和薄柔纜醫師的一樣，都是非常簡單、卻非常重要的一段話：「上帝啊，懇求祢牽著我的手，使這項手術可以順利完成，使某某人能因此獲得復原的力量。」

有好幾次手術順利完成後，當薄柔纜醫師在查房時，接受手術的病人忍不住問他說：「院長，你的醫術已經這麼好了，為什麼還要祈禱上帝的手牽著你的手？」這是最常遇到的問題，另一個問題是：「院長，我又不是基督徒，也不信耶穌，你為什麼要牽著我的手祈禱？」

每次遇到病人這樣問，他都會這樣告訴病人：「我是人，很有限。開刀時會發生什麼事情，沒有人會知道。例如萬一停電，或是地震，有時是開刀前沒有檢查出來的問題，甚至我也可能不小心，手上的刀劃錯了地方等等。因此，若有上帝幫助我，牽引著我的手，這種問題就會降到最低。因為全能的上帝絕對不會出差錯！」他繼續說：「雖然你不是基督徒，也沒有信耶穌，但這沒有關係，因為耶穌愛你，他認識你，也認識所有的人。你有沒有感覺到經過祈禱之後，心裡很平安，不會害怕？」當他這樣反問手術後的病人時，他們往往會說：「真的有耶，比較不怕了！」

有深厚基督教信仰情懷的薄柔纜醫師，對生命的看法不但是尊重，且是堅守著每個人在上帝面前都平等的信念，貧賤富貴都一樣，不會有任何偏袒。

有一次，花蓮發生一起警匪槍戰，警察與歹徒都受傷，被送到門諾醫院急診，剛好是由薄柔纜醫師診治。當時薄醫師先救治那位歹徒，之後才醫治警察。隔天警察局向薄柔纜醫師表示非常不滿，薄柔纜醫師知道之後表示：在他眼裡，沒有好人、壞人，只有病人。當一個病人有生命危險，另一個病人只是皮肉之傷時，他當然會優先救治有生命危險的那個人。

默默付出四十年

由於對病人的生命看得如此重要，薄柔纜醫師對自己及醫院員工的要求也非常高。曾和薄醫師同工過的高明仁長老就這樣回憶他的經歷，說他與薄醫師在開刀房共事那段日子，確實是很累，又經常超過晚餐時間。可是再怎麼累，下刀之後，他就可以回家休息。可是薄醫師都是回家趕緊吃個飯，就又跑回醫院來觀察病人手術之後的情況，有時甚至整夜陪在病人旁邊。

員工們對薄柔纜醫師的嚴格要求更是印象深刻。葉秀錦姊妹說每次跟薄醫師開刀壓力都很大，她說十多年前，有一位在亞洲水泥花蓮廠工作的蔡賜鐘先生，因遭蒸汽燙傷，緊急送進門諾醫院，接受薄醫師的治療。她記得當時在無菌室裡，有一天因天氣悶熱，一位護士未穿戴完整的防護裝備，恰好被進來查房的薄醫師看見，無菌室護理長因而被他嚴厲地訓斥了一頓。

在薄醫師的帶領下，門諾醫院的醫生也一點都馬虎不得，甚至醫生間流傳一個不成文的規定：夜間值班的醫生可不能不穿鞋睡覺，因為萬一有急診病人，薄醫師很可能比值班醫師還早趕到急診室。這也稍稍顯露出薄醫師對醫務的投入情況。

不過，嚴格的薄醫師對員工也有極為溫柔體貼的一面。葉姊妹說，薄醫師疼愛他們像疼愛自己的兒女，重要節日都會邀他們到家裡作客、聊天。葉姊妹回憶，有一次在開刀時，一位實習醫師竟一邊拉鉤一邊打瞌睡，她心裡為這位實習醫師緊張不已，不料薄醫師卻一句話也沒說。後來她才知道，這位實習醫師當天已連續做了幾個手術，薄醫師體諒他身體的疲憊，因此未責備他。

我印象最深刻的事，就是有一次我帶鼻子斷裂的朋友去台東找譚維義醫師，譚醫師說自己比較擅長醫治「大骨頭」，但門諾醫院的薄醫師手比較細膩，便替我們轉診到門諾醫院。我們隨即搭火車去花蓮門諾醫院。薄醫師看見了，就要這位朋友先躺在病床上，然後用手觸摸著朋友的鼻子，接著就說了這句我到現在都還清楚記得的玩笑話：「我們美國人鼻子比較大，常常不小心接吻時太用力，就撞斷了鼻子。」我和朋友聽了都大笑，我們兩人還在笑時，突然間我朋友大喊一聲，原來薄醫師已經趁機將斷裂的鼻子給「喬」回去了。

儘管做了這麼多，薄柔纜醫師從不宣傳他在台灣的犧牲和奉獻，四十年來本著「為主服務」的信念，默默為東部的原住民與貧民這些社會中的弱勢者服務。一九九四年五月十六日，薄醫師夫婦正式退休，回到美國堪薩斯州定居。在離台返美之前，他忍不住說：「臨別的我有一個請求，我為台灣人擺上一生，我的父親也為中國人獻上四十年光陰，你肯不肯為自己的弟兄捐獻一點金錢，讓這個慈善醫院能夠繼續幫助貧困的病患？」

薄柔纜醫師的奉獻，讓我想起新約聖經的一段話：「我們愛，因為上帝先愛了我們。若有人說『我愛上帝』，卻恨自己的弟兄或姊妹，他就是撒謊的；他既然不愛那看得見的弟兄或姊妹，怎麼能愛那看不見的上帝呢？所以，基督這樣命令我們：那愛上帝的，也必須愛自己的弟兄和姊妹。」（約翰一書／若望一書4:19-21）

沒錯，在台灣有許多偏遠地區都很欠缺醫療工作者，不只是醫師，護理人員也欠缺，藥師也是。但在大都會區，卻是過剩有餘。若我們說愛台灣，就讓我們來學學這些奉獻一生疼惜台灣的醫療工作先驅吧！不用奉獻一生，只要五年、八年、十年，都是很感人、值得敬佩的付出。

05 傾全力牧養台東，奉獻到最後——魏主安神父

來自瑞士天主教「白冷外方傳道會」的魏主安神父（Rev. Vonwyl Gottfried），在二〇二二年二月十三日下午一點安息回天家，享年九十一歲。雖然知道這日子一定會來到，但我心裡還是相當不捨，感念甚深。

魏主安神父是在一九三一年六月二十六日生於瑞士，在一九五二年加入白冷外方傳教會，那年他二十一歲。在接受長達六年修院嚴格的訓練後，於一九五八年晉鐸為神父，然後被分派到自己故鄉的教會牧養五年。

一九六三年，魏主安神父和另一位苗干城神父（Auf der Maur Hansjörg）兩人同時受差派到台灣來傳福音。他們從瑞士搭火車到法國馬賽港，搭乘貨輪，千里迢迢來到基隆港。因為是提前一天到，兩人抵達時並沒有任何人到港口接他們，他們就一邊問

人一邊轉乘長途車，才平安地抵達台東白冷會辦公室。

初到台灣的兩人需要先學習在地的語言，但他們並不是去語言學校學，而是由曾在中國東北齊齊哈爾當過牧區主教、對華語甚為熟練，且在一九五五年就已經先來到台東的布培信神父（Rev. Alois Burke）親自教導他們學華語。

剛到台東的那一刻，魏主安神父就已經做好要長久在此生活、扎根的心理準備。他一面學習華語，同時被差派去台東海邊的一個小漁港「富岡」開始牧靈的工作。那時，他看到富岡還沒有電，而從台東到富岡的路途都是彎彎曲曲的土石路，確實相當顛簸。他寫信回瑞士給他的母親，其中有一段話是這樣說的：

> 媽媽，您知道這裡沒有電，水是有點鹹味的井水，交通也非常不容易。我想以後我們可能再也沒有機會見面了，要等到回天家的時候才能再相聚。我知道當您接到這封信時，您的眼淚會流下來，而您那些珍貴的眼淚會成為一粒粒的珍珠，可以串起來成為一條很美的項鍊掛在您的胸前，美麗至極！媽媽，我愛您！

魏主安神父到了富岡，才發現那裡除了要會講台語，也要會講阿美族語。他真的很有語言天賦，就像其他白冷會的神父一樣，真的是奇才，可以同時學習好幾種不同的語言。魏神父一面跟布神父學華語，一面在富岡跟當地的台灣人學台語，也同時和阿美族人學他們的母語。過去，他除了在富岡外，也在都蘭牧靈（都蘭是阿美族的聚落），最後他被派到馬蘭牧靈，那裡也是屬於阿美族的聚落，因此他的阿美語可是說得頂呱呱，可能比許多部落的年輕人更為流利。

魏神父也曾在寶桑路天主堂服務，在那裡，他的台語就像在富岡一樣，很快就朗朗上口。直到他晚年，還是常有媒體記者要採訪他，或有訪客要找他聊天，每次他都會說：「我欲用台語講，比較卡好勢。」但大家都知道，他講華語也不輸台語，但最溜的還是阿美語。

推動「儲蓄互助運動」

幾乎來台灣的天主教神父都會在他們的教區推動一項事工，對偏遠鄉村的貢獻甚大，對原住民社區的影響特別大，就是「儲蓄互助運動」。這對於沒有什麼儲蓄概念的原住民來說，是一項很新又很大的挑戰。這些神父們清楚知道，若是能在這方面改變原住民的思維，落實儲蓄習慣，就可以減輕他們舉債的狀況與壓力，也不會被逼到必須販賣子女，更可以幫助他們改善經濟生活。

瑞士天主教白冷會雖然是在一八九五年才創立，算是比較晚期的修會，但修會創立之初，就有感於瑞士有許多貧窮人家極需要關心幫忙，有鑒於此，修會一開始就決定要走一條不同於一般修會的道路，除了招收貧困人家的孩子，也教育這些孩子要重視社會服務。

進入修會的修士很多是出自貧困家庭，深知貧窮人家生活的痛苦，因此，當修會差派訓練完成的神父、修士進入中國東北的齊齊哈爾最貧困的社區時，他們很快就落地扎根，立即開始幫助許多貧困家庭的孩子學得一技之長。這也是為什麼他們在當年離開東北、輾轉來到台灣時，不是到都會區，而是選擇到台灣後山的台東。

白冷會中第一個來到台灣的是錫質平神父，他就是在這樣的理念下創辦了聞名國際的技能中學「公東高工」，為的是讓白冷會牧區裡的年輕一代學子有機會在困苦環境中茁壯成長起來；同為白冷會的紀守常神父之所以在蘭嶼贏得「蘭嶼之父」尊榮，也是同樣的原因。更令我們敬佩的，是當白冷會知道台灣長老教會的胡文池牧師在翻譯布農語的新約聖經，他們特地派了一位專員來協助打字、編排，再送給聖經公會去印刷。不但這樣，白冷會還出錢資助聖經公會印布農語新約聖經，這樣不分教派的寬闊胸襟，實在令人感佩萬分！

致力於本土化傳道的魏主安神父，除了傾全力牧靈工作外，也協助開辦花東地區原住民「義務使徒訓練班」，以推動本土化傳教。他和葛德神父在小馬和平山朝聖地開辦的「義務使徒訓練班」，引起當時高雄教區的單國璽主教的重視，特地在一九九八年請魏神父到高雄協助開班授課。

除此之外，魏神父也以閩南語開設查經班，並刊印閩南語《要理問答》、《主日讀經》等刊物，積極培訓東部教區的傳教員。也因為重視本土化，白冷會所有神職人員幾乎都融入了牧區的文化中，這也是我們看到魏神父和其他神父會接受、尊重原住民傳統宗教禮儀之因。

台灣是他的故鄉

一九七九年，魏主安神父首次發現右手臂有腫塊，到羅東聖母醫院接受范鳳龍醫師（Oki）的手術治療。當時范醫師就已經懷疑魏神父罹患了最惡劣的「黑色素瘤」。

然後在二〇一五年八月，發現黑色素瘤再次復發，且有轉移到肺的狀況，因此在當年九月三日進入馬偕台東分院進行手術治療。術後經過台東基督教醫院癌症團隊的協助，在當年十月二十七日開始，轉送到台北和信醫院進行化療診治。

當時已經八十五歲的魏神父，聽到醫療團隊建議他上台北和信醫院進行免疫療法時，原本堅持反對，說他已經年老，這種龐大的免疫醫療費用可以留給年輕人。當時大家是這樣遊說他的：「和信醫院不會收你的醫療費用，因為你很愛台灣人，也促成台東聖母醫院創立，請你放心，和信醫院要替台灣人報答你。」而他一再地問說：「真的嗎？」回答都是「真的」，這樣才成功說服他來台北接受治療。

其實，真正的情況是有一群人已經替他準備好醫療費用，存放在和信醫院備用；而其中最令我們感動、也要特別感謝的，是美國藥商無償地為魏神父提供免疫治療的藥物，減輕了魏神父在醫療費上的重大負擔。另外令我們感動的，就是當魏神父要上台北和信醫院化療的消息傳開後，有一位公司的老闆主動負責松山機場接送的工作，到現在我們都不知道這位公司老闆的名字，而他也不想讓人知道。

當時，每次魏神父上台北診治，都是由一位退休的高中校長張佳雄先生全程陪伴，再由這位不知名的公司老闆準時接送。魏神父持續接受免疫療法直至二〇一七年三月六日，腫瘤神奇地消失無蹤，進入追蹤期。這讓魏神父有機會在當年四月至五月回到瑞士老家，與久別的家人見面，度過一段愉快的日子。

從瑞士回來後，魏神父還是和往常一樣，繼續四處去關心信徒的靈命、生活和工作。直到二〇一九年六月，魏神父因為中風而發現腦部有腫瘤，雖經過和信醫院第二次的放射線治療，病情終究逐漸惡化，在二〇二〇年三月十六日在和信最後一次門診之後，體力難以負擔台東、台北兩地往返，大多時間都在羅東聖母醫院和白冷會台東修會療養。直到此時，他因為行動不便、需要倚靠輪椅，才不得不停止牧靈的工作。二〇二一年，他的身體狀況很明顯地惡化了。

從一九六三年來到台灣，至二〇二二年二月十三日回天家為止，在這長達六十年時間裡，除了其中有五年（二〇〇三年到二〇〇八年）魏主安神父被推選為瑞士白冷會總會參議員、並擔任瑞士區會會長而必須住在瑞士外，其餘時間他都在台灣，在台東馬蘭天主堂牧靈最久。原本瑞士總會希望他持續擔任參議員，但他請求大家讓他回來台灣，因為他深愛台灣，他說這裡是他的故鄉。

二〇一三年，魏主安神父獲得台東縣「榮譽縣民」殊榮；二〇一七年八月三日獲得內政部給予國家的身分證，他非常興奮地說，很幸運有機會參加民意代表選舉的投票。他說：「能成為台灣人，是我來到台灣後得到最甜美的果實。」他真的是把一生都獻給了台灣！

今年二月，他在台東白冷會修會的宿舍裡安息回天家，享年九十一歲。當晚歐思定修士打電話給我，說：「魏神父特別選擇過完年才回天家，讓我們忙完過年，才有時間處理他的後事。」

瑞士白冷會在台東最輝煌的時代，曾多達近五十位神父、修士散布在整個台東地區，包括綠島和蘭嶼，以及高雄小港等。魏主安神父離開後，現在就剩下歐思定修士和吳若石神父兩個人，而他們都已經超過八十五歲了。接續下來的，就是他們栽培出來的本土神父。

這些來自瑞士的神父、修士，有的因身體出狀況而返回瑞士，有的則是終生在台東，並把遺體也安葬在那裡——台東小馬天主堂後院的墓園，那是白冷會開拓小馬天主堂後，就準備要在台灣東部扎根而預留的墓園，就在成功鎮（俗名「新港」）附近的小馬村。若你有機會路過台東海岸線，不妨暫停下來，去小馬天主堂後院的墓園探望這些安葬於此的神父們，向他們行個最敬禮，表達誠摯的謝意。

06

送愛給嘉義的殘障孩子們——滿詠萱修女

「付出是不求回報的，當孩子減輕病痛，即使只是一個微笑，都會讓我感到安慰。」這是滿詠萱修女投入教養院關懷工作之後所說的話。

滿詠萱修女在一九五九年出生於菲律賓，成長在一個很困苦的家庭。因此，她從小就有個心願，就是進入醫學院學習，以便幫助更多貧困的家庭。於是她在高中畢業後，就進入醫學院學習藥學。一九八八年，滿詠萱修女受到耶穌會蒲敏道神父所感動，特地從菲律賓來台灣協助蒲神父在嘉義東石創辦的「聖心教養院」，照顧那裡收容的一百多位身心有欠缺的孩子。

初次看見滿詠萱修女的人，都會立刻被她嬌小的身材吸引住，因為她身高只有一四五公分而已。她好像每天都過得非常快樂，幾乎看不見她生氣或「臭臉」的樣子，任何時候看見她，都是展開笑容迎接教養院裡的孩子和工作人員。說真的，這並不是一件很容易的事，因為她所照顧的對象，都是身體狀況和一般人不太一樣的人。

原本就非常喜歡孩子的她，過去經常到孤兒院當志工，也照顧過水腦症的兒童，因此，當她接獲蒲敏道神父的求助請求時，她自認那絕對不是問題。但當她到了聖心教養院，看見一百多個各有狀況的孩子，他們有的站不起來，有的甚至連說話或是表達能力都有問題，和她以前照顧過的身體健全的孤兒完全不同。那瞬間，憐憫的心油然而生，淚水也不由自主地流下來，她深深地感受到自己被上帝呼召，因此決志：要投入一生的時間照顧這些孩子。

她擦乾眼淚，放好隨身帶來簡單的行李，就此開始了她的照護工作。

要投入這種工作，並不是只靠一股熱情就有辦法持續下去，而是需要堅定的宗教心。滿詠萱修女也是這樣，她每天清晨都從靈修、祈禱開始，祈求上帝賞賜給她更多的愛和包容的心，讓她有足夠的力量來幫助這些「思想和語言」比較不一樣的孩子。每晚就寢之前，她也一樣會向上帝祈禱，感謝上帝幫助她完成一天的工作，也為比較「特別」的孩子祈禱。

她將這些孩子的名字逐一唸出來，告訴上帝這些孩子哪裡特別需要祂的幫助。

她說，每兩個禮拜她就可以念完一遍所有孩子的名字，她用這種方式記住這些孩子的名字和身體的異樣之處。就這樣，不到兩個月時間，她已經把全院所有的孩子背到非常熟。她說這些孩子什麼都記不住，但當你叫出他們的名字，他們就會永遠記住你。「他們不笨，他們只是欠缺愛來包容他們身體的缺陷而已！」這是她工作一個月就有的心得。

個性相當溫和的滿詠萱修女，真的是將所有孩子都當作自己的心肝寶貝一樣在疼惜。雖然這樣，她可是嚴厲禁止孩子之間的爭吵、打架，尤其是如果有比較強勢的孩子欺負弱小、無法反抗的孩子，她就會像嚴厲的母親一樣，生氣地責罵欺負人的孩子。對那些將該吃的藥含在舌頭下沒吃，騙說吃了，然後拿去藏在枕頭下的孩子，她也會生氣，因為她知道有些孩子若沒有按時服藥，病症一發作就會出狀況。

但每當生氣、罵人之後，她就會感到心很痛，後來就用一種方式自我訓練。她拿鏡子，每當要生氣的時候，就先拿鏡子照照自己的臉，這樣就會看見自己發怒時臉上那種難看的表情，這時候，氣就會消了許多。她說這裡的孩子身體有時無法自己控制，就可能做出傷害其他孩子身體的事，她知道孩子並不是故意的，因此，不能對孩子發怒，而是要想辦法阻止孩子不再重犯錯誤的動作。

微笑媽媽

滿詠萱修女也說自己是從孩子的身上學習。她謙虛地說，不是她在幫助孩子，而是孩子在「教」她學習什麼是忍耐。因為很多重度殘障的孩子都不會開口講話，病痛發作時，只看到他們痛苦的表情，卻不知道他們哪裡痛。她說要幫助這些痛苦中的孩子，就需要用更多的耐心陪伴他們。她說：「我從他們身上學習到忍耐，以及什麼是愛——跟他們一起忍受痛苦。」

她會這樣說，是因為經常看見院童回家探親回來後，都會哭泣很久，甚至是哭到整個晚上都沒有睡覺。原因是院童回家後，不想跟父母和兄弟姊妹分開，可是父母要賺錢養家裡其他的孩子，只能將身心有障礙的孩子送來聖心教養院。但孩子無法明白為什麼他們不能住在家裡，無論怎樣解釋，孩子都只有一句話：「我要跟爸爸媽媽在一起，我要跟哥哥姊姊、弟弟妹妹在一起。」這時已經不再是說話的時候，而是用最大的耐心和愛，抱著孩子靠在自己身上，讓他們哭，哭到睡去。

每天滿詠萱修女都會親自和所有的院童用親吻打招呼。會稱呼這些院童是「孩子」，主要原因是他們的腦力大約都是稚齡孩子的程度，思考模式和幼稚園的兒童很相似。在別人的眼裡，這些孩子都是極重度的殘障，但滿修女把他們當成上帝送來凡間的禮物，每個孩子都非常天真可愛，從來沒有什麼煩惱。而滿詠萱修女則是因為每天臉上都掛著笑容，被孩子們稱為「微笑媽媽」，有的則稱呼她是「微笑修女」，現在已經有院童稱呼她「可愛的阿媽」。

滿詠萱修女在聖心教養院工作三十年，也有許多感觸，她說：「教養院裡孩子們的成長過程就像一個倒U字型，成長到一個階段之後，就會自然地停止，維持一段很長的時間停滯不前，這時健康狀況就開始往下滑，身體的各種毛病也會陸續出現。讓我更擔心的，就是院童的腦部會出現明顯的退化，以前沒有癲癇病的，會逐漸出現；原本過去可以坐得好好的，現在開始無法維持平衡。另一方面，就是隨著肌肉萎縮或是脊椎彎曲，連走路都無法正常走。」

孩子出現上述情形時，滿詠萱修女都會趕緊聯繫家長到教養院來，帶著他們觀察孩子的舉動。但悲哀的是：有些父母已經離異，但沒有父母在離異時會搶著要扶養這樣的孩子，所以雙方都乾脆不來了。有些父母人是來了，卻不想見他們親生的兒女；有的見了，卻連一句話也沒說就離開了。

滿詠萱修女感歎地說，其實，這些孩子是很期盼看見父母的，但當他們看見父母不再像過去那樣露出關愛的眼神時，他們的心會像在淌血一般的難過、痛苦。他們也會忍耐，等父母離開後，才開始大聲嚎哭不停。他們能感受到自己已經被父母遺棄了，這對孩子的心靈會造成嚴重的創傷。

滿詠萱修女說：「我們可以替這些父母照顧這些身體有殘障的孩子，但他們更需要父母的愛。而父母的愛，才是補足他們身體殘缺最好的良藥啊！」

用玩笑回應羞辱

滿詠萱修女有藥劑師執照，也有豐富的醫學知識可以應付每個院童突然發生的緊急意外，例如癲癇、缺氧、休克、外傷等情況，她會馬上施予急救。她也經常開車接送院童到嘉義市衛福部所屬的醫院就醫和拿藥。每次遇到緊急狀況出現，她就會緊急出動，不分晝夜。

滿詠萱修女屬於義大利天主教「聖衣會」的修女，她們穿的衣服顏色和一般常見的白色、藍色、灰色、黑色修女袍不同，是穿咖啡色的修女袍，因為這樣，常常引發一些誤會。例如醫院的人看見她，往往錯把她的咖啡色修女袍當作婦女工作時所穿的圍裙，而不知道她是修女。

有一次，她帶著三個身障孩子到醫院就診，一個婦女在候診室裡指著她用台語說：「有夠夭壽喔，生一個孩子已經有夠辛苦，你怎麼還生了三個？你要保庇活得比這些孩子長歲壽喔！」滿詠萱修女沒有生氣，而是笑著回答說：「免煩惱啦，阮厝裡還有九十多個。」結果整個候診室裡的人都睜大眼睛看著她，這時才有一個人大聲說：「她是修女啦，一定不是她生的，是孤兒院的啦！」

這種誤會不僅發生在一般民眾身上，有時醫生看診時也會搞錯。滿詠萱修女說：「還有一次，我帶著院童進入醫生的診療室，醫師只顧著看院童，也不看看我就開始問孩子的病況，接連地問『你懷孕時有沒有吃藥？是不是有喝酒？』之類的問題。」她說醫生一臉「不屑」，連看她一眼都嫌棄的樣子，害她滿臉通紅，很想大聲斥責醫生，又想到這些孩子很需要醫生幫忙開藥，只好忍了下來。

等醫生抬起頭來看她時，她才跟醫生說：「對不起，這些孩子不是我生的。我是照顧他們的修女。」這時換醫生滿臉通紅地一再對她說「對不起」。滿修女說類似這樣的情況，並不是新鮮事，而是經常會遇到的事。而每當遇到這種帶有羞辱意味的事情時，她都會先在心裡提醒自己，絕對不能生氣，只能用「玩笑話」來回應這些人。

照顧這些從五歲到五十歲的「孩子」這麼多年了，這些院童無論用什麼表情，滿詠萱修女都很清楚他們想表達什麼。而她對每個院童講的話，院童一定會有回應，表示他們知道。有時看到已經快十歲的女孩將特製的矯正鞋穿錯腳，她也會將這女孩抱到椅子上，很仔細地跟女孩說明怎樣看左右腳之間的差異。這樣一次、兩次、三次之後，孩子就學會了自己穿矯正器的鞋子。

她對孩童的照顧確實是無微不至，從負責分好院童的藥品，到安撫病痛發作而痛哭的院童，即使是協助餵他們吃藥這種每天例行的事，都很用心地付出，從無懈怠，可說是全心全力。

很多人問滿詠萱修女：為何要來台灣服務？怎麼能夠如此堅持？她是這樣回答的：「當你看到這些孩子從痛苦地哀嚎求助，到最後露出笑臉，這時，只要你看到他們的眼神，或是發現他們緊緊地握著你的手不放，你就會感動好久！」

比台灣人更像台灣人

滿詠萱修女是個精力很充沛的修女，除了照顧這些身心有障礙的孩子外，她也常利用時間去照顧沿海鄉鎮許多外籍配偶的適應問題，減少家庭間的紛爭與溝通不良情況。因為滿修女本身就是菲律賓人，在台灣有不少來自菲律賓的配偶、幫傭，對滿修女來說，這項照顧外籍配偶的工作，是她應該有的責任。

她兩年回菲律賓一次，其他時間幾乎天天都和教養院的孩子們在一起，可以這樣說：所有的院童就是滿修女生活的重心。她更為了與院童或院童的家人溝通，認真學習華語、台語，如今不論是華語或是台語，她都能說得相當流利。她在協助處理新住民的家庭狀況時，也可以很順利地用台語與那些有外配與外傭的家庭對話，因此深獲嘉義、雲林沿海地帶居民的信任。

由於滿詠萱修女無私的奉獻，內政部在二〇一六年特地頒發台灣「國民身分證」給她，感謝她的愛。內政部說滿修女士是二十七位以特殊貢獻而歸化台灣國籍的外國人士中，年紀最輕的一位，也是嘉義縣的第一位。參與頒發典禮的嘉義縣長張花冠女士說：「滿修女就像個『小巨人』，人個子不高，但她愛的力量卻非常巨大。」代表政府去頒發這張國民身分證的內政部官員邱昌嶽先生說：「滿詠萱修女確實是比台灣人更像台灣人的人。」

當滿詠萱修女接過這張身分證後，很開心地說了這段感人肺腑的話：「我的父母還在世上的時候，曾問過我為什麼很久沒有回菲律賓。我跟他們說，我已經準備好要留在台灣……在台灣這段時間，我從來沒有什麼不開心的事，雖然照顧許多身心有嚴重障礙的孩子壓力確實很大，但愛這群孩子的心從來沒有改變或是減少過。這次能拿到身分證，真的太開心了，也要感謝上帝，讓我的愛可以被大家支持、接受。現在我是正港台灣人，我愛我們的台灣！」

在二〇一五年，滿詠萱修女獲得「周大觀文教基金會」頒發的「全球熱愛生命獎章」，然後在二〇一七年，政府頒給她「醫療奉獻獎」。當她獲得這項獎項時，她說：「這項醫療奉獻獎的肯定不僅是種榮耀，也是艱鉅責任的開始。」她說：「我將我的一生奉獻給天主，希望能夠做好照顧病人的工作。……我原以為我可以幫這群身心有嚴重障礙的孩子很多忙，結果反而是這群孩子幫了我的忙，讓我體會到人生的愛。」

滿詠萱修女說：「我只希望一點：希望藉著我的作為，可以拋磚引玉，讓台灣社會有更多人關心弱勢的同胞。」她的美德善行可說是我們社會的典範，而她所撒下的愛心種子，必定會在社會大眾的心中滋長，散發出生命的熱力與光芒。

如果我們有機會去嘉義東石，可以撥空去參訪「聖心教養院」，給予一些愛的鼓勵，若有機會遇到滿詠萱修女，也給她表示一下我們對她的感謝。

07

點亮人們心靈的盲人之光——廖旺宣教師

如果有人問我們，台灣最早的盲人學校在哪裡？誰創辦的？我們應該可以很清楚回答：「在台南市，是來自英國長老教會的宣教師甘為霖牧師所創辦。」

甘為霖牧師在一八七一年來到台灣，前後在台灣工作了四十七年。他發現這裡有不少從小眼睛就看不見的人，心裡很難過，就生出憐憫的心，想要幫助這些人，讓他們不要在路邊行乞，並且可以學得一技之長、獨立生活。經過兩年的籌備，他在一八九一年十月開設了「訓瞽堂」，這是台灣第一間盲人學校。後來在日據時代，他在台南開辦「台南盲人學校」，也是當時日本政府在台灣建立的第一所「盲啞學校」，致力於讓眼盲的孩子可以去念書。

在甘為霖牧師開辦的盲人教育中，有培養出一位相當傑出的學生，名叫廖旺，他就是本篇要介紹的人物。

廖旺先生在一八九〇年十二月十四日出生於台南市，是母親所生十二名子女中唯一沒夭折的，可惜在他五歲時，因為罹患麻疹、發高燒，導致眼睛有問題。他母親帶他去廟裡燒香拜拜，廟裡的祭司以香灰抹他的眼睛，他的雙眼就這樣失明了。大家都以為他是家裡唯一存活下來的孩子，應該會受到父母、親人的加倍疼愛，但事實正好相反，因為眼盲，他反而遭到許多不好的對待。

可是，上帝對他伸出了手。就在他九歲時，有一個偶然的機會，他遇到甘為霖牧師。甘牧師發現廖旺是個盲童，就帶著他去他的家裡，遊說他的父母讓他去讀書，但他的父母非常反對。甘牧師不放棄，一次又一次地去拜訪廖旺先生的父母，最後父母終於被甘牧師說動了，答應讓甘牧師帶廖旺先生去盲人學校讀書。

盲人學校的教材是從英國引進來的，很多都是聖經故事。廖旺先生讀到「耶穌愛你」以及耶穌說「我是世界的光；跟從我的，會得著生命的光，絕不會在黑暗裡走」（約翰福音8:12）深受感動，在十五歲那年，向甘牧師說要受洗信耶穌。他也是台灣第一個受洗信耶穌的盲人。可是，廖旺先生的父母認為他是家裡的獨子，怎麼可以信耶穌？甚至認為是甘牧師騙他去的，說要帶他去讀書，其實是帶他去「入教」，所以非常生氣。

雖然廖旺先生一再向父母解釋，他會信耶穌是出於自己的感動，是他讀書後的心得和對生命的感受，跟甘牧師沒有關係，可是他的父母都聽不進去，反而用更惡劣的態度對待廖旺先生。但父母越迫害，廖旺先生的信心卻是越堅定。他沒有生氣，而是希望用更大的愛來讓他的父母知道，他們所瞭解的基督教信仰並不正確。因為當時台灣社會為了排斥基督教，都會說「入教，死沒有人哭」。廖旺先生的父母就是怕剩下這個兒子，若是他們死了，這個兒子又不為他們哭，那是多麼悲慘的事啊！

但廖旺先生知道，這不是用嘴巴辯駁就能讓他父母相信的事。他唯一知道的，就是趕快學會一些才藝，靠手藝賺錢，讓他的父母放心，他不會成為父母的負擔，還可以奉養父母。

即使父母全力反對，廖旺先生對耶穌的心也沒有改變，反而更堅定。他將這種信心表現在學校的課業上，十九歲就以相當優異的成績從盲人學校畢業，並且獲得學校推薦，得到日本東京「筑波大學教育學院」全額獎學金，前往日本留學。廖旺先生也是台灣第一位到日本留學的盲人。這對他的家族來說簡直是不敢想像，街頭巷尾總會聽到人們在談論他的事，因為從來沒聽說過「盲人可以讀書，可以出國留學，還是日本大學出的錢」。這是深深震撼當時台南市井的一則新聞。

心的明亮，遠勝肉眼的光芒

一九一四年，廖旺先生從日本筑波大學教育學院畢業，獲得教育學位，專長是針灸和按摩治療。學成後的廖旺先生，第一個想到的就是趕緊搭船回來，要把自己所學的貢獻給台灣的盲人教育和工作。

那時「台南盲人學校」已經是官方正式的教育機構，除了收台灣學生外，也收日本盲生。廖旺先生回到母校教書，因為自己的經驗，他對同樣是盲人的學生特別愛護，深怕他們受到傷害，因此他愛護學生的心，就如同慈愛的父母在照顧孩子一樣，除了在課堂上傳授知識、才藝外，他也關心盲生的生活和心靈。

廖旺先生堅定地認為：心的明亮，遠勝過肉體眼睛的光芒。他常常跟親朋好友、特別是他的學生說：「我肉眼雖然失明，我心卻是光明的。」他最喜歡耶穌說的這段話：「你的眼睛好比身體的燈。你的眼睛好，全身就光明；你的眼睛壞，全身就黑暗。所以，要當心，免得你裡面的光變成黑暗。如果你全身充滿光明，毫無黑暗，就

會光輝四射，好像燈的亮光照耀你。」（路加福音11:34-36）

然而，廖旺先生在照顧學生時，一再聽到學生向他傾訴日本老師對台灣盲生和日本盲生的差別待遇，以及日本老師對台灣盲生態度很惡劣的事。廖旺先生經常在學校的校務會議中提出他所聽到的，甚至明確指出是哪位老師、用什麼樣的語言羞辱學生、怎樣拿鞭子重罰學生等等。他這樣提出好多次，但情況似乎並沒改善。很可能是因為日本老師認為那都是台灣學生講的，且廖旺先生也看不見，這些日本教師對台灣學生和廖旺先生都抱著瞧不起的態度。

每次他提出，就會被日本老師攻擊，不但不能為台灣盲生爭取到最基本的受教育的公平權，反而增加了很多被羞辱的案例，讓廖旺先生很難過。他知道這樣下去，很難跟日本老師一起工作，於是在台南盲人學校教書十年後，就辭去這裡的工作，在一九二四年自己出來開業，創辦「台南鍼按院」，這是他在日本筑波大學學到且獲得證照的特有技能，就是我們所熟悉的「針灸師證照」。

廖旺先生開業後，自己當起針灸師、按摩師，另外他也開辦「成人盲友按摩院」，教導成人盲友學習按摩的技能，他的目標就是讓這些盲人能透過按摩賺得生活所需。就像他自己的經歷一樣，他告訴學生：「要活得有尊嚴，就需要比別人更加用功學習，有好的技能，別人才會尊敬你。」

在日本統治時代，有發認證執照給按摩師，有這種證照的按摩師，日本官員和一般人才會接受他的按摩。因此，他嚴格要求學生必須拿到證照、能獨立工作賺錢，才可以畢業。此外，他也特別關心那些來自貧困家庭而無法付學費的盲生，他會免費教他們，每個月還會給這些貧困學生零用錢，直到他們學會了技能、拿到證照、有固定收入之後，才停止資助。

廖旺先生除了指導這些盲生按摩，也教導盲生學音樂、彈琴、唱歌，特別是唱聖詩。最令人感動的，是有不少盲人的家境也非常貧困，他們聽到廖旺先生有很大的愛心疼惜貧困的盲人，會相偕找廖旺先生幫忙。有的盲人早已經失去家人照顧，廖旺先生會收留他們在他的家裡住下來，然後四處去尋找可以幫助他們的資源。這樣的用心與愛心，直到他年老時都沒有停止。他的愛心可說是完成了使徒保羅所說的「愛是永不止息」，他真的是在實踐上帝給予的一切恩典。

二次大戰後，台灣的物資相當匱乏，還好，在韓戰結束後，在「聯合國救濟總會」的幫助下，台灣獲得許多救濟物資，包括衣服、奶粉、麵粉、各種罐頭食品，和舊的衣服、鞋子等。這些救濟品很多都是透過基督教和天主教的教會發放。為了幫助貧困盲人的家庭生活需要，廖旺先生不辭交通的辛勞，特地到台北有被委託發放救濟品的教會請求幫忙，請這些會友能將分配到的救濟品捐贈給盲人。

另一分面，他也透過關心盲人事工的「芥菜種會」創辦人孫理蓮女士的協助，請救濟總會官員也撥出一部分救濟品，特別給台南地區的盲人。當他的努力有了成果，救濟品一車車地開到台南鍼按院時，他就全家總動員，一起來整理和分發物資。不只這樣，他也發動教會的兄姊組成義工隊，按照他手上盲人的地址資料，一家一家地送去。

盲人看不見救濟品，也不知道該拿怎樣的器皿去領取這些救濟品。但廖旺先生自己就是盲人，很清楚該怎麼做才能順利地將救濟品送到盲人手上。若是有衣服，義工們就會當場說明衣服的顏色、尺寸，也會告訴他們這些救濟品要怎樣使用。他首要考慮的，並不是每個盲人都要收到救濟品，而是依照家庭的貧困狀況來發放所需之量。他可說是第一位有組織性、長期救濟盲人的慈善家。

為盲人編印台語聖詩

除此之外，廖旺先生也到台南新樓醫院、彰化基督教醫院去唱歌、安慰病人，培養大眾「盲人也可以傳福音」的認知，也就是說，不是只有眼睛明亮的人才能傳福音，盲人雖然眼睛看不見，卻一樣可以幫助、安慰身體有病痛的人。他想要幫助更多盲人像他一樣，成為一個可以傳福音的人。因此，他第一個想到的，就是要幫助盲人學會唱聖詩。

他先問教會的牧師，禮拜時要唱的聖詩是第幾首，然後教這些盲人學生、朋友唱聖詩，接著在禮拜日時，帶他們去教會參加禮拜，聽牧師講聖經的信息。就這樣，越來越多的盲人會跟廖旺先生到教會去，每次唱聖詩，他們都會唱得很盡興，歌聲也很宏亮。在教會參加禮拜的明眼人往往深受感動，覺得這些人眼睛看不見，卻可以將禮拜時的三至四首聖詩全都背起來唱，唱的節奏又非常準確，令信徒們感動不已。有的盲人有音樂天分，還會主動和聲唱聖詩，就像教會的聖歌隊一樣。

為了幫助更多人學唱聖詩，廖旺先生決定將聖詩用點字打出來。他向母校借來兩部「盲文印製機器」，一部用來打字在鉛板上，另一部是盲文印刷器，他自己買鉛版和盲書用紙。台南神學院派一位學生去幫忙廖旺先生，每個禮拜日晚上到廖旺先生的家裡，一首一首地把聖詩歌詞唸給廖旺先生聽，他就用盲人點字機打在鉛板上。

就這樣，每天一字一字地打，聖詩也一首一首、一頁一頁地印。經過幾個月時間，才將一本台語點字版的聖詩完成，一本就有三百六十五首。然後他繼續第二本，整個過程重複一次。經過將近十年時間，他完成了幾十本盲文台語聖詩。

受到感動的盲人越來越多，信耶穌的人也很多，加入盲人團契的更多。但因為盲人並不是行動都很方便，有些教會認為來參加禮拜的盲人太多，照顧的工作不堪負荷。因此，廖旺先生在一九六一年決定成立「台南基督教盲人會」，他們去借用台南市內規模比較大的教會聚會，例如太平境教會、民族路教會，或是新樓醫院等，每三個月輪流在這些教會聚會。令人感動的，是有不少明眼人很關心這些盲人。當他們知道這些盲人喜歡敬拜上帝，他們也加入敬拜的行列，並幫忙做一些搬動東西的事。

廖旺先生知道，有明眼人參與協助，很多事情會更順利。因此，他將這些有愛心的明眼人組織起來，成立「台南盲人後援會」。這個後援會成立後，就更清楚盲人需要幫助的事，也會設法籌募經費、和計程車司機合作，禮拜日去哪位盲人家裡載人來教會參加禮拜，或是哪個家庭有盲人生病需要就醫，就請計程車司機接送。他們也會知道哪個家裡有盲人孩子要上學，就提出幫助，有的甚至讓孩子升上高中、大學。

就這樣，廖旺先先成立的台南基督教盲人會，禮拜天聚會的人數多達一百三十名，其中有一半是已經信了耶穌的盲人基督徒，也有二十多位小孩子參加兒童主日學。他們禮拜時，都是自己用各種樂器伴奏，因為他們當中幾乎人人都會一種樂器，因此，廖旺先生也將他們組成一個盲人樂團。

一九七一年，廖旺先生八十一歲那年，安息回天家。離開人間前，他很清楚地交代家人，不要為他的離開哀傷，而是要感謝上帝，讓他們一家人在世上的日子可以聽到福音的信息。

廖旺先生去世後，他最小的兒子廖青原先生因為經商而擁有不錯的財力，便在一九七九年，將父親的故居改建成一棟給這些盲人聚會用的禮拜堂，讓這些盲人有個固定的地方敬拜上帝，平時出來工作時，也有一個可以休息的地點。這就是今天台南「永福長老教會」的由來。

人的生命會有殘缺，但若有好的宗教信仰，會使人的生命態度大為轉變。轉變最大的地方，就是心靈的飽足與豐富，可以補足肉體的缺陷，甚至遠勝過一般身體齊全、卻終日鬱鬱不樂的人。就像耶穌對跟隨他的人所說的：「我來的目的是要使人得生命，而且是豐豐富富的生命。」（約翰福音 10:10）

08 屏東人最感念的挪威阿公——傅德蘭醫師

屏東地區的民眾都會打從心底感謝創辦了屏東基督教醫院的畢嘉士醫師，同時也不會忘記另一位窮盡所有力量，將一切獻給屏東貧困人民的傅德蘭醫師（Kristoffer Fotland），他就是屏東縣民眾口中的「醫療之父」。

傅德蘭醫師在一九〇五年三月十日出生在挪威的蒂默小鎮，父母都是敬虔的基督徒。他從小就在教會中，聽那些到外國傳福音的宣教師述說自己的生命經驗，使他從小就有個心願：希望長大之後也能加入宣教師的行列，到最需要他的地方傳福音。

一九三二年，他從奧斯陸大學醫學院畢業，先在一所醫院服務，三年後獲得正式的外科和小兒科醫師證照。就在他三十歲那年，也就是一九三五年九月十六日，他接受挪威「協力差會」的差派，到中國投入醫療傳道的工作。到了一九三七年，爆發中國和日本的戰爭，隨時都有生命危險，但傅德蘭醫師仍持續為病人治療，終至自己感染傷寒而一度命危，幸好上帝疼惜保守他，使他度過危機，他還是持守著醫療的崗位。

直到第二次世界大戰結束後，傅德蘭醫師才有機會在一九四六年返回挪威。不久後，中國就爆發國民黨和共產黨的內戰，而傅德蘭醫師決定再次去中國行醫。在一九四八年，他和剛結婚三天的妻子自挪威乘船，出發去中國，但等他在隔年抵達香港時，才得知中國共產黨已經控制了察哈爾省，並關閉所有外國宣教的會所。沒過多久，整個中國就都被共產黨控制，傅德蘭醫師夫婦也被共產黨政府驅逐出境。就這樣，他們夫婦在一九四九年轉來台灣。

初抵台灣後，他先在馬偕醫院服務，也常在當時台灣北部的原住民部落進行巡迴義診。七年後的一九五六年，美國基督教行道會捐贈位於屏東的「畢士大診所」給傅德蘭與畢嘉士醫師接手，並改名為「基督教診所」，即日後的「屏東基督教醫院」前身。這間「畢士大診所」原本是用茅草搭建起來的診所，被屏東地區民眾稱為「阿兜仔」診所，在當年是麻瘋病、肺結核、小兒麻痺患者重生的天堂。

一九五七年開始，傅德蘭醫師又和畢嘉士醫師深入南台灣偏遠山區，如霧台、好茶村、牡丹村等原住民部落做免費醫療服務。在一九六〇年，傅德蘭醫師也曾到南投埔里基督教醫院協助。有好幾年的時間，他更是巡迴全台各地去進行義診，甚至遠至金門他都去過，經常是帶著繁重的藥材、儀器，往深山地區跑，有時一天得看兩百多名病人，工作十分辛苦。但他總是甘之如飴，不厭其煩地到各偏遠部落去醫治病人。

一九五九年，全台小兒痲痺症大流行，傅德蘭與畢嘉士等醫護人員還不辭舟車勞頓，日以繼夜地在中、南、東部尋覓在地上爬行或遭人拋棄的小兒痲痺病童，帶回醫院免費開刀治療，真正實現了聖經〈約翰福音〉第五章所提起的「畢士大水池」（貝特匝達水池）這名稱的意義，成為名符其實的「憐憫之家」，直到一九六一年才酌收部分手術材料費。

在他和畢嘉士醫師合作努力下，當時的屏東基督教醫院成為國內小兒痲痺治療重鎮，連東部、北部都有許多患者專程南下求醫。身為該院唯一的外科醫師，傅德蘭醫師的手術是一刀接一刀地開，累了就睡在手術台上。

給屏東人最美好的禮物

屏東地區的人總是喜歡稱呼傅德蘭醫師為「來自挪威的阿公」，人們常說看見他，就像是看見「神蹟」一樣，因為他們從來沒有看過像傅德蘭醫師這樣好的醫生。會有這樣的說法，是因為傅德蘭醫師是個非常節儉的人，總是用省下來的錢幫助貧困、有需要的人。無論是出差或是出遠門，他幾乎都是走路，到三、四公里外的屏東火車站去搭車，在當時只需五塊錢就能雇用三輪車，他也捨不得花。只要知道有病人等候著他，下車後就用小跑步的方式回醫院。

傅德蘭醫師在飲食上也非常簡單，這也是屏東街頭巷尾常常拿來當話題的事。他為了省錢，自己在住宿的院子裡養了一頭母羊，全家每天三餐就是羊奶泡飯或配著饅頭。有時羊奶不夠，他會加水稀釋。有醫院老員工這樣描述說：「傅醫師家，只要買半斤的豬肉，就足夠夫妻和三個小孩吃一個禮拜。」

這位老員工繼續說：「有一次，傅醫師看見家裡的幫傭在洗菜準備做飯，發現幫傭將包心菜的外層菜葉剖下丟在垃圾袋中，他就從垃圾袋中撿起來，放在砧板上，然後告訴幫傭說：『這可以吃的菜，為什麼要丟棄？』從此之後，那位幫傭再也不敢丟棄任何一片看起來就不想吃的菜葉。」這老員工一面講著，一面搖頭，「實在是令人很難想像，他為什麼要這麼節省？可是我們都知道他是為了要幫助醫院和病人，在他身上就是一件神蹟。」

每當有人邀請他和家人去吃喜宴，或是特別聚餐，他總是記得將「菜尾」打包回家，大家都聽過這句他一說再說的話：「為什麼吃不完就要丟棄？這樣很浪費喔！」一開始大家都很不理解，後來才知道，傅醫師這樣節省只有一個原因：要幫助醫院裡貧困的病人。

有一次，傅醫師生病了，有人送他一籃雞蛋補充營養。過一陣子，他見餐桌上還有雞蛋，便問太太：「人家送的雞蛋還沒吃完嗎？」他太太回答說：「早吃完了，這是我買的。」結果傅醫師立刻表示，他的病早就已經好了，不必再浪費錢買雞蛋。

曾經有朋友勸他要注意營養，吃好一點，這樣才有體力照顧病人，他都很正經地回答他的朋友說：「你沒有看見還有許多人連吃的東西都沒有？我們已經有得吃了，就該滿足。」也因為這樣，在屏東流傳著這樣一句話：「傅醫師吃的是草，擠出來的卻是甘美的乳汁。」這是在形容傅德蘭醫師和家人吃得那麼少、生活得那麼刻苦，做的事卻那麼多、那麼美好！儘管在有些人眼裡，他的行徑幾乎可說是怪異，但他始終擇善固執，並堅信：自己少用一點，就可以多幫助一些需要幫助的人。

就像畢嘉士醫師和台東基督教醫院的譚維義醫師、花蓮門諾醫院的薄柔纜醫師、羅東聖母醫院的范鳳龍醫師、何義士醫師一樣，每當聽到開刀房或急診室需要輸血，傅醫師都是二話不說，馬上伸出手臂捐血救治需要幫助的人，甚至在開刀房裡，也會先把自己的血抽出來，給相同血型的手術病人使用。有時實在是太累了，傅德蘭醫師就會趁著手術空檔，躺在開刀房的水泥地上打盹，這種情形直到他六十多歲了，依舊沒有改變，依然每天從早忙到晚。

難怪屏東基督教醫院的同仁都會說：每天看見傅德蘭醫師，就像是看見「神蹟」一樣地興奮和充滿感謝，因為他和畢嘉士醫師都是上帝賞賜給屏東人民最美好的禮物。

絕不傷害病人的自尊心

在小兒麻痺症大肆侵襲台灣的時代，有不少家庭的父母發現小孩子患有小兒麻痺之後，就丟棄不顧，有的甚至認為那是上天詛咒，讓家裡蒙羞，於是將孩子關閉在家裡的暗處。

傅德蘭醫師也效法耶穌的精神，在眾多的病人當中，特別重視小兒麻痺患者的需要，他和畢嘉士醫師合作，在屏東基督教醫院特別設立了全國第一所專治小兒麻痺的

「兒童療養院」，免費醫治來自各地的病患，病童拄著枴杖、坐著輪椅，紛紛湧來。傅德蘭醫師治療了數千名小兒麻痺患者，讓他們盡可能使用腿和腳，甚至重新站立、行走，擁有真正的行動力。

最教人印象深刻的，是有一次醫院來了一位病人，他的腳部潰爛，在診療室裡才剛解開紗布，就有一股很強的腐臭味衝鼻而來，瀰漫整間診療室，跟診的護士立刻衝出門外，因為忍受不了而嘔吐。但傅德蘭醫師卻用雙手捧著那病人腐爛的腳，放到鼻子前面聞了聞，又仔細地端詳，之後才緩緩地告訴病人說：「情況已經好多了。再換幾次藥，就會好起來。不用擔心。」

傅醫師送走病人後，才告訴那位衝出去嘔吐的護理師說：「無論病人是怎樣的髒臭，都不可露出厭惡的神色，更不可以有像剛才那樣的舉動，這會傷害到病人的自尊心。」這使我想起一九六八年我在台南神學院讀書時，被學校派去台南北門烏腳病醫院實習，那時學長就叮嚀過我們，絕對不可以因為聞到臭味就吐出來，或是吐口水，要吞下去，這樣才不會傷害到病人的心。

很多有趣的醫療故事經常會發生在偏遠地區，例如早期的台灣社會，沒有讀書的農村村民很多，這些病人經常看不懂藥袋上寫的服藥時間和分量；有的病人拿了藥，就算護士解說過了，還是想要聽醫師親自說明才會放心，結果就有病人問清楚了之後，回家途中卻又折返再問一次，這樣來回超過十次以上的病人可不少。但傅德蘭醫師不曾因此生氣過，他為了這些病人，用畫圖的方式來讓他們看懂，把藥分開裝在畫有不同圖案的袋子裡，例如：畫太陽就表示白天服用，畫月亮就表示晚餐後，然後星星就表示睡覺前。看，可愛吧！

也有一個病人，告訴護士他很想摸摸傅醫師那尖挺的鼻子，但護士認為這是很沒有禮貌的事，不敢翻譯給傅醫師知道。傅醫師看見病人和護士之間好像講了很多話，卻沒有翻譯給他知道，便問護士說：「這個人說什麼，你怎麼都沒有翻譯給我聽？」這時護士才說：「這個病人說想要摸摸您的鼻子，因為覺得您的鼻子很奇怪，怎麼會那麼尖？鼻孔又那麼細長？」傅醫師聽了之後，笑著把自己的臉靠近那位病人，牽著病人的手來摸他的鼻子。結果整個診間笑聲連連。

當時的菜市場或商家，看見西方人都會誤以為很有錢，賣東西給他們時，也會故意抬高價錢。所以傅醫師要出門買東西前，都會先問醫院的護士或是員工，她們也會提供市場行情給他，結果常看到他為了一塊、二塊錢，跟商家討價還價。也因為這樣，屏東的商場裡經常有人這樣說他：「有錢蓋醫院，卻沒有錢買掃把。」

退而不休，直到最後

傅德蘭醫師當年來台灣時，是四十四歲。經過二十一年的時間，也就是在一九七〇年滿六十五歲時，他屆齡退休，結束在台灣的醫療服務和奉獻，返回挪威。有一位美國友人寄來一張三千元美金的支票，指名要送給他，他卻毫不猶豫轉手就捐給挪威「協力差會」，他說：「這樣協會才會有足夠的經費差派人手，就像當年差派我和畢嘉士醫師到台灣來服務大家。」

返回挪威的傅德蘭醫師住在一所安養院中。他依然像在台灣一樣，過著非常儉樸的生活，在挪威那麼冷的地帶，他每天清晨出外慢跑，天天洗冷水澡，也為安養院整理花草樹木，種植馬鈴薯供作醫院的糧食。他說退休後最喜樂的事，就是有人從台灣去探望他。他實在很掛念屏東基督教醫院的病人和同事，因此，在他六十九歲及七十四歲時，兩度自費來台灣，回到屏東基督教醫院，主動請求醫院讓他進入開刀房為病人動手術，每次回來都是三年。由此可看出他對屏東基督教醫院的愛是多麼地深。

屏東基督教醫院舉行創立四十週年慶時，曾邀請他再次回來，但他卻這樣問醫院：「有沒有什麼事要給我做的？」那時醫院考慮到他已經九十一歲了，就說：「沒有。」他還為此不高興，抱怨院方剝奪他服務病人的權利，於是就這樣回答醫院：「如果只是回去參加慶典，那真的太浪費了！把那些錢省下來，用在醫院最需要的地方，特別是用在那些貧困的病人或家庭上面吧！」就像當年一樣，他一點都沒有改變，總是希望自己少花一分錢，多為醫院盡一分心力。

為了感謝他對台灣小兒麻痺兒童的愛，在一九六八年，當時的總統蔣介石先生曾接見他，並且頒發「發揚服務精神」獎牌給他，表示肯定和謝意。另外也獲得行政院衛生署頒發的第七屆中華民國「醫療奉獻獎」，更特別的是在一九七五年，因為他在台灣的奉獻和貢獻，獲得他的國家挪威國王頒發最高等的「騎士聖奧拉夫勳章」。

二〇〇五年，他成為挪威醫學會年紀最大的成員。隔年，他在老家過世，享年一百零一歲。

傅德蘭醫師總是將病人放在生命中的首位。在二〇〇六年，屏東基督教醫院舉行他的追思禮拜時，有很多病患是拄著枴杖、坐著輪椅，從全台各地趕來參加，追念他給予所有病人的愛。

09 走遍山區，用生命愛護布農族——賈斯德神父

瑞士白冷會的賈斯德神父（Fr. Karl Stähli）在二〇一七年三月十八日清晨安息回到天家，享年八十歲。他是在一九六七年十月十日來到台灣，在台灣剛好滿五十年的時間。

有關賈神父的事，有的報紙曾用很大的篇幅介紹過他，說他是布農人的「守護天使」，這點可從二〇〇九年八月重創台灣中南部及東部的莫拉克颱風（又稱為「八八風災」）一事看得出來。當時，政府要布農山區受損相當嚴重的小林村村民趕緊下山，但他們對政府不信任，就怕被迫遷村而失去祖先留給他們的土地，寧願固守著已經破碎不堪的家園，堅持不願意下山。

後來救災單位打聽到，若有賈斯德神父出面勸說，這些受災的村民就會聽從。

但那時賈斯德神父正好在瑞士述職，於是救災的官員趕緊打電話聯繫人在瑞士的賈神父，他接到電話後，隨即要這官員設法上山聯繫村民的大老接聽他的電話，他在電話中告訴布農族村民，要他們先下山，他馬上搭機回來陪伴他們。因為這樣，布農族人才願意遷離災區危險地帶。而兩天後，賈神父就從瑞士趕回來，和這些災民一起渡過那段災後遷移的艱困日子。

賈神父做的不只是這樣，還有一件事我們大概很難想像，就是他在高雄桃源鄉和三民鄉的布農原住民學校，教導學生學習他們的母語——布農語。這就很諷刺，不是嗎？這些來自瑞士的天主教神父在幫助原住民留下母語，我們自己的政府卻在消滅母語，這實在是我們需要好好省思的一件事。

我和妻子以及兩個朋友，在賈神父過世的前兩天，特地到高雄天主教聖功醫院去探望已經進入彌留狀態的賈神父，在那裡，我遇到幾位白冷會的老神父在病房陪伴賈神父，包括大家熟悉的腳底按摩大師吳若石神父、高雄小港天主堂的于惠霖神父，和台東馬蘭天主堂的魏主安神父。他們都說得一口流利的台語，而年輕一代的台灣人已經逐漸失去母語了。也因為這樣，這些神父都很努力在他們的宣教地區，盡可能幫助他們的信徒留下母語。

賈神父不僅非常努力幫助布農人留下母語，還很用心地研究布農人傳統的「巫術」之方，他將研究成果發表在瑞士的宗教刊物上，並且持續不停地研究。非常可惜的是他若能有健康的身體，很可能就會寫出一本有關這方面的專書，替台灣布農人留下更多的民俗史料。

我是在一九七五年認識賈斯德神父的，那年他受瑞士白冷會台東差會派到台東關山鎮的天主堂，那時我也在台東關山長老教會牧會。當時我和他，以及已經去世的蘇德豐神父（在池上天主堂）和現任台東白冷會會長的葛德神父（在鹿野天主堂）經常聚在一起，我們會談論所遇到的教會事工、所看見的社會現象。

賈斯德神父留著鬍鬚，那時我兩個幼齡的小孩很喜歡摸他的鬍子，他非常喜歡我的孩子。他養了一窩好幾十隻的兔子，也知道怎樣用漢藥燉兔肉（從這裡就可以知道他很瞭解台灣冬天進補的秘方）。他也曾送兩隻小兔子給我的孩子飼養。

寬廣的宗教胸襟

賈神父是在一九六七年十月十日來到台灣，然後到新竹學習華語，之後就到台東來瞭解該白冷差會在台東排灣族部落中的工作，並且學習原住民各種部落的文化和生活習性，然後在一九七五年受派到關山牧養海端鄉、延平鄉等地的天主堂。那時，他的布農語才開始「牙牙學語」。

白冷會的神父有個基本原則，不論是派在哪個地區工作，最必要的就是先學會當地的語言。因此，他在關山時，就請布農人來教他學習布農語，他也經常去請教在那裡牧會的胡文池牧師，瞭解布農人的禁忌和學習布農語的竅門。

一九八五年起，白冷會又派他到高雄縣桃源鄉布農族部落的天主堂工作，就這樣，他開始走遍高雄桃源鄉、三民鄉，然後到南投縣的信義和仁愛兩鄉的布農族人區域去，這也是他後來能說一口流利布農族語的原因，因為他都是找布農族的長老來教導他講正典的布農語。

這些來自瑞士白冷會的神父們，胸襟都非常廣闊，沒有教派之別。一九八〇年四月，賈神父介紹我去瑞士訪問白冷會總會和聖十字架仁愛修女會，他們帶我去參觀幾間教堂，都是天主教和基督新教一起合建的。他們認為一個地區不需要建兩間禮拜堂，大家都是信耶穌，只是禮儀上有些差異而已，合建禮拜堂不但可以節省經費，也可以讓居住環境多出一些空間。只要雙方將禮拜、聚會活動時間安排好就好了。看到這樣的做法，讓我深受感動。

他們不僅在瑞士如此，也將這種精神帶到台灣來。舉個實際的例子，就是布農語的新約聖經最早是長老教會的胡文池牧師翻譯的，這些瑞士白冷會的神父認為既然長老教會翻譯聖經了，他們就從瑞士派一位打字高手來幫胡文池牧師打字，又出錢將打好的新約聖經交給聖經公會去印刷，給長老教會和天主教會的布農教會使用。

但在台灣，宗教信仰就相當狹隘，就算是同宗的信仰，也甚少有這種「分享」和「分擔」的胸襟。賈神父曾告訴我一件非常有趣的事，就是有好多次他要山上布農天主堂的青年用母語讀聖經，但布農青年說那還要學習認識新文字，很難，所以不喜歡。他們說已經有中文聖經了，看中文比較快，結果印出來的布農語聖經就堆放在教會倉庫。

有一天，他發現同村的長老教會還在維持用母語敬拜上帝，也要他們的青年讀母語聖經，就把這些布農語聖經送給長老教會信徒，結果天主堂青年不解地問他說：「神父，你怎麼可以把我們的聖經送給長老教會？他們的『上帝』跟我們的不一樣啊！我們是『天主』耶！」賈斯德神父說：「他們的上帝，就是我們的天主啊，是一樣的啦！」

一九七七年十二月二十四日晚上，我和他、蘇德豐神父、葛德神父一起在關山天主堂舉行聯合聖誕夜感恩禮拜，然後將當天晚上的奉獻全部捐贈給關山天主教醫院。關山天主教醫院那群瑞士籍修女感動到流淚，其中的馬惠仁修女在禮拜結束後，走到講台前緊緊地抱著我說：「盧牧師，我們好感動，因為以前山上的長老教會信友都說我們是『魔鬼』，現在你們教會的信友跟我們一起敬拜上帝。真謝謝你。」從那次聯合禮拜之後，直到現今，這群修女一直是我的好朋友。

從這件事也可看出過去基督新教在山地傳福音時錯誤的認知，而這項錯誤的認知還繼續存在。其實天主教和基督新教就如同兄弟姊妹一樣，可說是完全相同的信仰，只不過在教義上或是禮拜的方式不同而已。

搶救布農族的孩子

賈神父在台東地區時，都是開一部速霸路的小廂型車，到山地各部落去探訪和主持彌撒。有一天，他因為要閃避一個突然從巷口闖出來的小孩，故意將車子朝旁邊的電線桿撞過去，導致廂型車凹陷卡住，人也被夾在車內無法彈動，後經消防隊員用電鋸把車體鋸開才將他救出來，被緊急送到台東基督教醫院救治。他的腰部骨盤和雙腿都受了相當嚴重的傷，足足用了一年時間才治療與復健完成。

賈神父就是這樣，默默地投入生命的力量在關心弱勢的人們。一九七八年的暑假，我受邀到台北李春生長老教會，為青年團契夏令營演講。我把自己在東部牧會的所見所聞分享給一群青年聽，沒想到那次演講引起該團契的震撼和重視，於是會長余舜德（現在在中央研究院當研究員）來信，希望能帶幹部到我牧會的關山教會訪問，我就安排賈斯德神父接待他們。

當這群年輕人聽了賈斯德神父所說原住民社區的狀況，以及孩子們生活與就學的概況之後，他們回到台北告訴團契的夥伴，該教會青年團契馬上下了一個重要決定：每個禮拜團契聚會和聖歌隊練唱時，都要奉獻，然後用這些奉獻來支持十個原住民小孩讀書，讓他們讀到不能再讀為止。

他們寫信讓我知道，他們要用實際的行動來表達他們對原住民的愛心與疼惜。我趕緊告知賈神父這件事，希望他幫忙找十個布農小孩，讓這些孩子可以接受教育。賈神父很快就開出一份名單，我將名單寄到台北給李春生長老教會的青年團契會長余舜德。他們動作相當快，馬上決定專程來關山，和賈神父去訪問這些家庭，希望這些家庭的家長不要把孩子賣掉。因為在一九七〇年代，人口販賣相當猖獗，人口販子將原住民小女孩賣去當雛妓，小男孩則賣去工廠當童工。

賈神父聽到他們要專程來關山探訪，既感動又高興。他也趕快開車上山去告訴這些家庭。這些父母都曾同意賈神父幫助孩子讀書，也很感謝賈神父替他們找到願意出錢讓孩子讀書的「台北人」。賈神父要告訴他們那一天父母最好都要在家，這些台北來的青年要跟他們談有關孩子教育、讀書、甚至可以出國念書的事。

但怎麼想也沒有想到，當賈神父上山去找這些名單上的孩子家庭時，才發現原來在短短兩個禮拜內，也就是關山和台北之間信件來往的這段時間中，這十個孩子的父母已經把孩子都賣掉了！這些孩子才只有小學三年級到五年級的年紀而已！原因是人口販子確實很有一套，輕易地騙過了這些善良的原住民父母，讓這些父母毫不心疼地將他們稚齡的孩子交給人口販子。

賈神父知道這件事之後，難過到極點，來找我時，是哭紅了眼睛。後來聽到這樣的例子越來越多，於是他心裡開始盤算：若是繼續住在山下，就永遠無法阻止這樣的事繼續發生。若是能搬到山上去居住，與原住民生活在一起，至少他可以出力阻止這樣的事再次發生。於是在一九八五年，他獲得白冷會會長的同意，搬遷到高雄桃源鄉去住，也因為這樣，他從那些布農老人智者身上學習到許多珍貴且逐漸失傳的布農語言，也學著認識布農族人巫師所做的「巫術」，同時開始投入許多心血，教導布農人怎樣保護孩子、千萬不要再把孩子賣掉，而且非常注意有沒有人口販子或可疑的人到山上去。

布農族的守護者

他雖然搬到高雄桃源鄉去居住，但他的足跡卻走遍了台東延平鄉、海端鄉、高雄的三民、茂林、桃源、嘉義梅山鄉、南投縣信義鄉，以及屏東霧台等地所有的布農族部落，可以這樣說：所有的布農族人都認識他，不論是什麼年紀的人，都知道他是一個來自瑞士的神父，是一個用生命在愛護他們、教導他們怎樣守護原鄉土地的神父。也因為這樣，布農人開始肯定他，說他是「布農族的守護者」。

二〇一六年初，賈神父開始感覺身體不舒服，總覺得脊椎很痛，經過一段時間詳細檢查之後，才發現是肺腺癌，且已經蔓延到全身骨頭了。這期間我曾透過許多方式，希望他能上來台北，到和信醫院檢查、治療，但他說不想離開布農族人太遠，寧願在鄰近就醫。就這樣，他在二〇一七年三月十八日清晨離開我們，回到天家。

賈神父一生在原住民布農族社區的奉獻，讓我想起聖經先知以賽亞（依撒意亞）詩歌中，描述上帝所揀選忠實的僕人的樣貌：

至高的上主的靈臨到我；他膏立我，揀選了我，
要我向貧窮的人傳佳音。他差遣我醫治傷心的人。

——以賽亞書61章1節

賈神父將福音帶到原鄉貧困的原住民當中。他跟布農的原住民生活在一起，他告訴布農族人，上帝確實喜愛他們。賈神父盡一生的力量在照顧布農族人，陪伴他們，與他們分擔憂傷，也和他們一同歡樂，讓布農族人感受到：他就是布農人。也因為這樣，使他們過去長久以來所受的傷害能得到醫治。

布農人的心靈因為賈神父的安慰、鼓勵，逐漸在台灣各地發出了生命的亮光，這也是我們特別懷念他的原因，因為他帶來了上帝在耶穌基督裡的愛。

10 千里來台，與被歧視的病人相遇——林惠仁修女

「我深信，是天主安排我到台灣來，為的是要我和這裡的愛滋病人相遇。」這是來自美國的林惠仁修女（Mary Ellen Kerrigan）所說的一句感人的話。

有一陣子，人們一聽到「愛滋病」就會全身不舒服，甚至會用不屑、鄙視的眼光看待，原因是很多人接收到的是不正確的醫療常識，以為愛滋病都和同性戀有關係，更嚴重的是誤以為和這種病人相處就會被傳染，也因為這樣，連累到無辜的同志。直到近來有越來越多相關的醫藥資料出現，民眾才逐漸瞭解愛滋病的發生，以及患有這種病的人當中，有些人的確是無辜受害者。

然而，現在還是有不少人用歧視的眼光看待愛滋病人，有時還包括醫療工作者。但在台大醫院，有一位來自美國天主教「瑪利諾會」的修女，她是志願投入關心愛滋

病患的工作，陪伴這些病人，並且擴大到關心台灣超過兩萬染有愛滋病的人。她就是林惠仁修女。

林惠仁修女在一九三七年出生於美國，從小就在天主教會的團體中長大。受到父母和教會在信仰上的薰陶，她中學畢業進入護理學校讀書時，就決志將來要獻身成為福音的見證者。家中不只林惠仁修女，她的兩位兄弟都在美國擔任傳道者，而她也選擇獻身當修女。

一九五七年，那年林惠仁修女二十歲，順利完成護理學校教育、獲得護理師證照後，隨即加入「瑪利諾修女會」，並開始在天主教醫院服務。在一九六五年，她接受修會的差派到台灣來，在南投縣霧社的鄉衛生所投入山地原住民社區的醫療服務工作。

一九八四年，台灣出現第一例愛滋病的個案，是外籍人士帶入的；兩年後出現第一個本土案例後，媒體相關的報導日益增加。為了民眾生命安全，衛生主管單位一再呼籲必須提高愛滋病毒篩檢率，同時也討論到如何兼顧對愛滋病感染者的全人照顧。到了一九九〇年，台灣已經出現將近兩百個愛滋病例，在社會中引起很大的恐慌和不安。

林惠仁修女是個非常有愛心的修女和護理師。當她知道台大醫院有愛滋病患在接受治療，有些護理人員會害怕，甚至有醫生也會心裡不安，她就主動向差會申請改派到台大醫院來，專門服務這些被台灣社會用異樣眼光看待的愛滋病人。因此，從一九九一年開始，林惠仁修女在台大醫院專門照顧愛滋病人。後來在一九九四年，還特別走訪桃園龜山監獄，為感染愛滋病毒的受刑人提供醫療服務，親自帶他們到台大醫院就醫，給予照顧，而且送藥到監獄給他們。

有人開始注意到林惠仁修女的作為，很不安又疑惑地問她，為什麼想要投入這項人人聞之色變的愛滋病醫療工作？林修女總是這樣說：「只有真愛，才能贏得愛滋戰爭。」她的做法，第一步就是把每一個愛滋病人都當成「朋友」。她說：「當我們看一個人是『朋友』時，自然地就會跟朋友接近，也會傾聽朋友心中苦悶的聲音，在朋友有難時，會主動伸手幫助。只要我們這樣做，愛滋病人就會感到生命有溫暖了。」

讓人的生命有溫暖，這是防止自殺尋短的第一步，也是拉近人彼此之間距離的最好方式。

把病人當作朋友

林惠仁修女發現，愛滋病人最常受到社會的歧視，也因為這樣，愛滋病人就跟著歧視自己。其實我們都知道，在這種被認為是「二十世紀黑死病」的疾病面前，沒有人能堅強到一無所懼，人性總顯得特別脆弱，多數民眾會對愛滋病及其病患懷著恐懼與排斥的心。林惠仁修女說：「這些嚴苛的道德觀，對感染者而言，是比HIV病毒更具殺傷力的懲罰。」

對於這種現象，林修女非常痛心地說：「已經那麼多年了，感染愛滋病的人到現在還是很擔心、很害怕。怕別人知道，怕家屬知道，怕被大家歧視，怕被拒絕和隔離。」

林修女認為這是我們的另一種病態——恐愛滋文化——所帶來的結果。她說有一位父親，自從獲知自己的愛兒感染愛滋病後，從來沒有現身過，在農曆過年前，這位父親卻突然來到孩子的病床前。林惠仁修女看見了，就在門外祝福這難得的父子相會，讓他們單獨在一起。不料，當這位父親離開後，患病的兒子卻告訴林修女，他父親是專門來責備他的，怪他竟然染上這種敗壞門風的疾病，讓家人蒙羞。

林惠仁修女說這就是「恐愛滋文化」最具體的例子，社會上這種不正確的道德枷鎖，往往無情地套在愛滋病患的身上。

在面對眾人歧視而感到相當無奈時，林惠仁修女經常在暗處為這些因感染愛滋病而對生命絕望的病人哭泣。在她心中，愛滋病人的善良並不比別人少。她想起，有位少年一接到血液檢驗通知單，獲知感染愛滋，從此他的親人、愛情、生命的希望全都遠離了，換來的就是疾病、死亡、陰影；這個少年唯一能感受到的溫暖就是醫護人員的溫柔對待，他想死，但又怕麻煩別人，最後他選擇了不流血的方式——上吊，還特別選在早晨八點，以免夜半的吊屍驚嚇到值班的小護士。

林惠仁修女說，對愛滋病的認識，也是因為投入這項工作，才從病人身上學到。她在台大醫院照顧一位姓林的病人，也是她照顧的第一位愛滋病人，她從這位病人身上學到的第一件事，就是此後絕不再問這句人們經常會問的話：「你為什麼會感染愛滋病？」改成謙虛地問說：「我可以跟你學些什麼？」當她以這樣的關心和謙和的語調與病人交流，病人就會有信任感，進而建立了友誼。

為了要表示與愛滋病人在一起，是真心誠意、沒有懼怕，林惠仁修女從不穿隔離衣，也不戴口罩、手套。只有一次是因為她感冒了，怕傳染給病人，才戴上口罩。起先有些愛滋病人看見了，都很奇怪林修女怎麼突然戴起口罩，後來知道她是怕傳染感冒給他們時，反而轉過來關心林修女，還一再詢問她有否去看醫生、吃藥等等。有一位病人送給她櫻桃吃，那時她才拿下口罩吃櫻桃，然後對那位病人說：「好朋友送的櫻桃，就是最好的感冒藥。」

就是這麼簡單的動作，使林修女在愛滋病人中贏得非常珍貴的真情友誼。不但這樣，連與她一起照顧愛滋病人的醫師和護理人員也受到極大的鼓舞，原本膽怯、防衛的緊張心情也放鬆了許多。

真正的靈性照顧

天主教的戒律甚嚴，對獻身天主的修女們要求更嚴，林惠仁修女卻是少數勇於挑戰禁忌的修女。由於從事愛滋病防治工作，林修女經常和青少年討論男女之間的性話題，她會用毫無保留或一點也不含蓄的語句「大膽」詢問年輕的孩子：「做愛時，是否有戴保險套？」而這樣的問話常常讓年輕人尷尬得不知如何回答。

曾與她一同工作的誼光愛滋防治協會的李大鵬總幹事說：「既然林惠仁修女選擇了愛滋病人，她就必須打破世俗的藩籬，負起宣導防治的使命；貞潔的修女雖不言情，卻常深刻地告訴年輕人：性行為所象徵的，應該是人類最崇高的真情、真愛。她說，只有真愛的力量，才能消弭這場人類病毒的戰爭。」

林惠仁修女把愛滋病人當作朋友，既然是朋友，第一要件就是記住朋友的名字。也因為這樣，曾在台大入院治療的愛滋病患，她都非常清楚他們的名字，絕對不會弄錯。為了讓這些愛滋病人走出生命的陰影，林修女也會帶領台大醫院的愛滋病人到其他醫院探視新發病的患者，或帶著出院的病人及家屬辦活動、走出生活陰影。

許多人出院後，仍舊和她保持聯絡。有時是清晨，也有時是半夜，林修女常接到愛滋患者想要自殺而打來的求援電話，這些病人往往難耐疾病和孤獨的折磨，企圖尋短來解除生命的痛苦，但常常是一聽到修女的聲音，在她溫柔的安撫下，這些病人又重拾勇氣，面對人生好好活下去。

讓林惠仁修女印象很深的一個經驗，就是有位愛滋病人在臨死之前，一直抓住她的手說：「修女，我好怕！」林修女就緊緊抓住這個病人的手，為他禱告。但禱告之後，她發現這病人沒有任何反應，她才想到台灣人大多數是信仰民間宗教，要不就是佛教。這時候，林修女立刻改口為這病人念「觀世音佛號」，接著去找一串佛珠掛在這病人的頸上。林修女說：「每當我想起這個病人去世前那安詳的容顏，連我自己也感到安慰。」她笑著說：「有些人是講道『傳』福音，我是靈機一動『做』福音。我想，只要能幫助病人安詳離開，天主應該會諒解我為病人念佛號的事吧！」

像林惠仁修女這種寬闊的信仰胸襟，在台灣的基督教界裡，不但找不到，就算有這樣的宗教師，恐怕早已經被教會開除了。

投入愛滋護理工作之後，林惠仁修女特別提醒所有的宗教師，在關懷任何疾病的病人時，千萬要記住「靈性關懷照顧不是在推銷宗教信仰，而是採取行動關照病人和工作人員，讓病人得到生命的尊嚴與合適的治療」。林惠仁修女特別提起一個案例：

有一位二十歲出頭、卻快要臨終的病人，請她讀哥哥的來信，陪他聊天來轉移呼吸無力的痛苦。這個年輕人問她，上帝真的會聽痛苦病人的祈求嗎？一個一生都過得很糟糕的人，上帝會垂聽他的禱告嗎？這位病人自覺不潔淨，原本在床頭擺了民間信仰的神像，作為心靈懺悔時祈禱的對象。林修女知道這年輕人渴慕至高者的撫慰，於是堅定地告訴他，不論人的情況是快樂或病痛，上帝都願意與人同在。隔天，這年輕人面帶微笑地離世。林修女相信他已經接受了上帝的憐憫，得到心靈的慰藉和饒恕，放下自己心裡的控訴與不安。他不再蒙羞，在上帝的愛中獲得靈性平安。

林修女認為，真正的靈性照顧，小至協助舒適的翻身、床邊陪伴，大至臨終前引導生命回顧與自省。床邊「同在」的溫柔與真情擁抱等等，這些都會融化黑暗與光明之間的距離。正如耶穌對同釘十字架的囚犯所說的：「今天你要跟我一起在樂園

裡。」（路加福音23:43）

關心監獄的愛滋朋友

從一九九四年開始，林惠仁修女更將「交朋友」的範圍，擴大到關心監獄愛滋病患的受刑人身上。由於監所內缺乏治療愛滋病的專科醫師，林修女常協助他們到台大就醫，或將患者的資料帶回，與醫師討論後開出處方籤、領好藥，再帶到獄中，供患者服用。林修女平易近人的親切形象，被監獄管理員及愛滋朋友暱稱為「媽咪」。

她用流利的台語跟囚犯「開講」（聊天），即使愛滋朋友笑她不會唱流行歌、不會煮菜，她也不以為意，大方承認自己的短處。她也會跟愛滋朋友討教說：「那你們教我啊！」讓愛滋朋友覺得自己也是有用的，也有能力為別人付出。為了縮短愛滋朋友和她的距離，林修女從不講大道理，而是用唱歌、討論煮菜，與大夥度過每個開懷的下午。

她不會彈吉他，每次來卻仍帶著吉他，讓會彈奏的愛滋朋友用來領唱，紓解愛滋朋友們不穩的情緒。大家偶爾會陷入不開心的心緒，林修女就鼓勵大家更起勁地大聲唱歌，也以真心而不批評的態度傾聽，讓愛滋朋友抒發情緒。她總是引用使徒保羅所說的話：「上帝對我說：『你只要有我的恩典就夠了；因為我的能力在你軟弱的時候顯得最剛強。』因此，我特別喜歡誇我的軟弱，好使我覺得基督的能力在保護著我。」（哥林多／格林多後書12:9）

林惠仁修女也鼓勵愛滋朋友以口語的語言禱告，自由地從內心講出自己的需要。她幫助愛滋病人學會禱告，需要時就可以呼求上帝，讓禱告成為隨時的幫助，而且每個人都可自行禱告。上帝是愛的源頭，祂把愛置入人心，只要人有互動，愛就會跟著走動。林修女用這樣的教導，讓愛滋朋友在最黑暗的時刻仍有機會認識上帝，在他們的心田撒下福音種子。

一九九八年，林惠仁修女因為參與監獄、看守所的教化及更生保護的服務有功，榮獲當時的李登輝總統頒獎褒揚，也獲得第八屆「醫療奉獻獎」。在獲獎後，林惠仁修女依舊是馬不停蹄地奔波在台大醫院和龜山監獄之間。

這位來自美國瑪利諾會的林惠仁修女，確實是很值得我們感念的一位修女。

11 台灣鄉土歌謠的重要推手——許石老師

許石先生是誰？這個名字在台灣歌壇幾乎已經消失了，甚少有人會再提到他，但若提起這首《安平追想曲》，相信有不少人到現在都還能哼唱個幾句。每當唱到歌詞中那位純情的「金小姐」時，常會令人懷疑「是否真有其人」？歌詞的內容是這樣的：

身穿花紅長洋裝，風吹金髮思情郎，想郎船何往，音信全無通，
伊是行船遇風浪，放阮情難忘，心情無地講，想思寄著海邊風。
海風無情笑阮憨，啊～不知初戀心茫茫。
想思情郎想自己，不知爹親二十年，思念想欲見，

只有金十字，給阮母親做遺記。
放阮私生兒，聽母初講起，愈想不幸愈哀悲，
到底現在生也死，啊～伊是荷蘭的船醫。
想起母子的運命，心肝想爹也怨爹。
別人有爹痛，阮是母親晟，今日青春孤單影。
全望多情兄。望兄的船隻，早日回歸安平城。
安平純情金小姐，啊～等你入港銅鑼聲。

這首歌曲是由陳達儒先生填詞、由許石先生作曲而成的作品，該曲描述在台灣安平，有一位專做外商生意的商人女兒，和一位荷蘭籍的醫生生下一個金髮女兒。沒想到這個金髮女兒長大後，也跟她的母親一樣，愛上了來安平經商的外籍人士。結果母女兩人的際遇相同，都是先生搭船離開後，就不再回來安平了。

說來也很有趣，一九五一年許石先生寫這首《安平追想曲》時，原本是想要找一位也是台南人、且頗負盛名的許丙丁先生來填寫歌詞，但許丙丁先生卻推薦另一位台北艋舺的名人陳達儒先生。後來許石先生便和陳達儒先生說好，可是時間到了，陳達

儒先生卻沒有按時交稿。直到過農曆年時，據說陳達儒先生和朋友去「西門圓環寶美樓」喝酒，聽到女侍講起安平「金小姐」的故事，他就專程跑到安平尋訪這段傳奇，結果看到的是墳墓。

這讓許達儒先生感觸甚多，回來之後就依照許石先生的曲調，寫下這一段兩代女人戀情的故事。非常有趣的，是至今還是有許多人相信那是真人真事改編的歌謠，甚至在學術界也不斷有學者在探究歷史上是否真有這位「金小姐」，使得這首《安平追想曲》增添了傳奇的色彩。

這首《安平追想曲》在流行歌曲界中相當被喜愛，曾被修詞之後改成華語流行歌曲，有不少出名的歌星，包括劉福助、陳芬蘭、鄧麗君、江蕙、鳳飛飛、張清芳、余天……等等許多歌星，都曾唱過這首歌曲。其實，許石先生還有其它出名的作品，包括《鑼聲若響》、《夜半路燈》、《漂亮你一人》、《初戀日記》、《風雨夜曲》等。

為台灣民謠做紀錄

許石先生是在一九一九年出生於台南西區。從公學校時代就對音樂有相當的興趣，因此在一九三六年中學畢業後，也就是在他十七歲時，就前往日本東京的「歌謠學院」念書，接受日本知名作曲家秋月、大村能章、吉田恭章等教授的指導，研習理論作曲、聲樂與演唱。

因為家境不是很富有，許石先生在日本求學的日子過得非常辛苦，除了平日要送牛奶和報紙賺取生活費外，寒暑假期間也會特別到北海道打工。他為了練鋼琴，常練到手指僵硬，平日因為沒錢，無法到鋼琴室去練琴，只能在桌子上用紙畫出琴鍵，用這種方式練琴，也練習歌唱。

許石先生在一九四六年回來後，就開始在全國各地巡迴演唱，並發表他回來的新作品《南都之夜》，沒有想到此曲一出，馬上風靡全台。隔年，他帶著當時還是高中生的文夏先生到恆春採集鄉土歌曲，並紀錄陳達先生所演唱《思想起》等傳統民謠，為台灣民謠做紀錄及保存。此後，每隔幾年，他就會將採集到的鄉土民謠重新編曲，並且央請當時社會上的文人雅士、知名作詞家，來補全台灣鄉土民謠。同時，為了積極推廣和分享台灣鄉土民謠，他舉辦過大小十餘場的台灣鄉土音樂發表會。

許石先生另有一首也相當具有代表性的流行歌曲，就是《鑼聲若響》。這首的作詞家是林天來先生，據說林天來先生是在一九五五年到「正聲廣播電台」找當時有名的作曲家林禮涵先生給這首詩譜曲，因為沒有遇到，卻恰巧遇到了許石先生，於是林天來先生就便把歌詞給許石先生，請他譜曲。這首《鑼聲若響》是在描繪台灣討海人與家人離別的辛酸，歌詞內容如下：

日黃昏　愛人啊要落船
想著心酸目睭罩黑雲
有話要講趁這袮　較輸心頭亂紛紛
想袂出　親像失了魂
鑼聲　若響　鑼聲若響就要離開君

船燈青　愛人啊站船墘
不甘分離目睭看著伊
有話要講趁這時　較輸未講喉先哽
全無疑　哪會按呢生
鑼聲　若響　鑼聲若響就要離開伊

錠離水　愛人啊船要開
吐出大氣恨別嘴開開
一聲珍重相安慰　成功返來再做堆
情相累　心肝像針威
鑼聲　若響　鑼聲若響袂得再相隨

從這首歌曲中可以瞭解到一件事，就是將普羅大眾的生活經驗寫出來的詩歌，一定會打動人心。就像這首描述漁夫出海去捕魚時，那種和家人別離的心境，幾乎就是所有漁夫的共同心境。

當初許石先生從日本回來後，和他有親戚關係的楊三郎先生很賞識他，特地將自己的外甥女鄭淑華女士介紹給他。當年台灣年輕人談戀愛，都是相約在某個地方，當時許石先生每次要約會，就是選在台南火車站前的路燈旁，後來他就寫了《夜半路燈》送給鄭淑華女士，也就是他後來的妻子。

他們婚後共育有八女一男，一家十口的生活經濟壓力確實是相當沉重，又加上在第二次大戰後，國民黨政府遷移到台灣來，大力推行華語教育，有大量的台語歌被禁唱，這就導致許石先生一家的生活更顯艱苦。為了討生活，他曾在台南中學、台中高工、台北樹林中學等校教書。

在五線譜中尋找台灣價值

為了使自己的作品能廣傳，許石先生在一九五二年成立了「中國唱片公司」，後來數次更名為「女王」、「大王」、「太王」等唱片公司，無論公司怎樣更名，他都只有一個心願：為推廣台灣鄉土民謠和歌謠而成立。可惜的是當時民眾對這種近代才有的所謂「智慧財產權」（也就是我們現在所說的「版權」）這種意識不高，盜版風氣相當猖獗，逼得許石先生正規經營的唱片公司無法持續下去，給他帶來更沉重的負擔。

但許石先生並沒有因此就意志消沉，或是放棄他最大的摯愛——流行音樂。從一九四六年到一九八〇年他去世為止的三十四年間，他的創作不曾停止過，幾乎每年至少都有一至二首歌曲問世，共計有六十一首，其中未發表的散譜手稿有近四十首。

更令台灣音樂界震驚的，是許石先生於一九六四年十月十日在「台北國際學舍」（今「大安森林公園」）發表他混合中西樂器編制的《台灣鄉土交響曲》，以現場錄音的方式，由自己創辦的「太王唱片」發行。樂曲共有四個樂章，分別以〈閩南調〉、〈客家調〉、〈白字戲〉以及〈原住民旋律〉等匯集而成，可以看出他是要嘗試以交響曲的方式，把自己用了十八年時間採集到的民歌成果與大家分享。

他在音樂上的活動是相當豐富的，沒有一位流行歌曲創作者如他一般，親自帶著女兒們定期於當時台北重要的展演場所舉辦音樂成果發表，甚至與「藝霞歌舞團」著名的舞蹈家王月霞女士合作，創下了具民俗風情的歌舞合演之首例。他也和烏來「清流園舞蹈」的老師Yamasta（漢名為「巫重學」）有長期緊密的合作演出，還一起和烏來原住民歌舞團進行全國環島巡演。

難怪在兒女的眼中，許石先生是如此可敬與耀眼，集「六多」於一身：作品多、採集民歌多、音樂發表會場次多、發行黑膠唱片多、學生多，還有就是「兒女多」。他的子女中有五個女兒在他的培訓之下，與父親在一九六九年共組「許氏中國民謠合唱團」，一起從事表演與演奏的工作，在台灣、東南亞等國家巡迴表演，也進軍日本歌壇，曾經上過「富士電視台」，發表台灣的流行歌。

令人感到疑惑的是：像許石先生這樣在台灣流行音樂界有如此豐碩經歷的人，為什麼很少人述說他的故事呢？這也是許多音樂界和文化界人士很想瞭解的一件事。

一九八〇年八月二日，許石先生因心臟病而病逝於台北林口長庚醫院，享年六十歲。面對許石先生留下眾多的歌曲與文物，他唯一的兒子許朝欽博士有著很寬大的胸襟，認為父親的音樂是與台灣社會共同成長的果實，當然也是屬於台灣人所共有的，便提筆將許石先生的故事寫成書，書名就是《五線譜上的許石》，讀這本書可讓喜歡台灣流行音樂的歌迷們見證許石先生的歷史風采。

讀許石先生所寫的「歌譜」，猶如耳畔響起他筆下迷人的曲調，在陳舊泛黃的五線譜中，散發出屬於台灣真正的價值。

12

每個身心障礙者，都是我的天使——蒲敏道神父

每個人對生命的價值觀都會有差別，但把身心有障礙的人看成「天使」，這恐怕要有非常高超的生命之愛，才有辦法做到。

我曾在和信醫院看到一對夫婦，他們就是將患有腦性麻痺的女兒看成「天使」降生在他們家，因為他們為了照顧女兒，全家人凝聚在一起，不但感情特別好，家裡也總是充滿歡樂與笑聲。像這樣的事已經非常難得，但如果患病的不是自己的家人、女兒，而是別人家的、完全不相識的孩子呢？要將身心有缺陷的孩子看成天使，加以疼惜，不是那麼容易的事，需要有很強的宗教心靈才能做到。

本篇要介紹的人物，就是這樣一位擁有虔誠信仰與生命之愛的宣教師，也就是來自瑞士天主教耶穌會的蒲敏道神父（Franz Burkhardt, SJ）。

蒲敏道神父是一九○二年十二月八日出生於瑞士，在家中排行第三，有兩個哥哥、三個妹妹及一個弟弟。他的父母都是虔誠的天主教徒，因此，父母都非常期盼孩子將來可以當神父。

可是有趣的事發生了，原本他的父母是安排兩個哥哥進入修院、將來成為神父，而他則被安排走上經商的道路；但這兩個哥哥先後都改變了從事神職的心願，因此他的父母轉而希望他能取代兩個哥哥進入修院。但他們的教堂神父為此相當不高興，不同意他進入修院的申請，直到六年後的一九二五年春，才終於獲得批准。

於是，他在二十五歲那年進入天主教「耶穌會」的修院，經過陶成之後，在一九三一年受差派到中國河北開拓福音事工。一九三六年六月十日，三十三歲的他在上海晉升為神父。

一九四五年，日本戰敗，共產黨迅速占領河北大部分農村地區，在各地組織農民批鬥天主教神父。隔年一月六日，蒲敏道神父連同景縣的全體外國傳教士一起被捕，整個教區的產業被中國共產黨全部沒收。在接受群眾批鬥時，由於教會曾在水災期間多次幫助過當地民眾，因而沒有人願意出來指控，於是在十四天後，蒲敏道神父等人被釋放了。

一九四八年十二月，共產黨軍隊包圍北平，蒲敏道神父收到羅馬耶穌會總會的緊急電報，他搭乘基督教會的「聖保羅號」飛機離開被重兵包圍的北平，到達仍在國民黨軍隊所控制的上海，再轉機回到羅馬，報告中國大陸的情況後，又被指派擔任耶穌會「中國巡閱使」，負責統籌中國所有耶穌會的會士撤離中國的事宜。安排好逃亡行動之後，蒲敏道神父自己卻以中立國瑞士公民的身分，繼續留在上海達五年之久。一九六三年，他在上海再次被捕，還好在被捕的當晚就被遣送前往香港。

給身障孩子一個家

一九五四年，他再次被瑞士天主教耶穌會差派到菲律賓，他在那裡有五年的時間，負責培訓耶穌會修院的學生，然後在一九五九年輾轉來到台灣，擔任耶穌會修院的副院長。他來到台灣後，立即著手籌辦輔仁大學、徐匯中學在台灣復校的工作。一九六三年二月，蒲敏道神父作為耶穌會代表，與「聖言會」神父一起在台北縣新莊鎮購買三十餘甲土地，創辦了輔仁大學。

一九六七年，蒲敏道神父卸下了耶穌會會長的職務，再度擔任一名普通的鄉村神父，服務於嘉義教區，範圍包括嘉義縣和雲林縣等地區。具有強烈慈悲心懷的蒲敏道神父，在嘉義朴子教區工作期間，看到鄰近地區的學生來朴子讀書，不僅要租屋，有的需要耗費許多交通時間，他認為這樣對年輕孩子不方便也很危險，因此在朴子建造學生宿舍，供應從外地來朴子就學的年輕學生。除了安頓他們的生活，也帶他們學習沉靜心靈的靈修方法，不受外面花花綠綠的生活影響。

他在教區服務期間，走遍雲林、嘉義各鄉鎮村落，發現有許多家庭，家裡有身心障礙的人，政府卻沒有任何場所可以收容或給予照顧，導致有的家庭全家生活陷入困境。因為這種身心有障礙的人，身邊都必須有人全天守候和看護、陪伴，否則就會發生危險，不論是花錢請人照顧或是家人自己照顧，都會是一股沉重的壓力。

我想起在一九八六年於嘉義西門長老教會牧會時，原本計畫要舉辦「暑假身體障礙兒童夏令營」，並獲得嘉義基督教醫院社服室的支援，協助訪視嘉義市內家中有這種身體障礙孩子的家庭。結果發現，有些家庭一家就有兩、三個小孩都是智能障礙，要不就是有中度障礙的孩子。

這些孩子因為父母要外出工作，幾乎都是被父母用繩子綁住身體固定起來，白天都被「關」在室內，只能在繩子長短的範圍內活動，包括大小便都是。若是父母外出工作而無法或較晚回來，孩子只有一支裝水的奶瓶放在身上，必須等到父母工作結束回家才有得吃。因為這樣的案例相當多，我發覺這個活動已經超出我的能力之外，只能忍痛放棄。

但蒲敏道神父不是這樣。他認為不能讓這樣的孩子繼續被如此對待，因此，他開始計畫創辦一間教養院，專門收容身心有「中度障礙」的人，這樣就可以幫助這些人的家庭走出生命負擔的陰霾。為此，他每天用打字機寫信給他在瑞士的親友，也寫他的計畫報告給他的母會——瑞士耶穌會，請求他們的協助，並獲得瑞士鄉親熱烈的奧援。就這樣，他在一九八八年開始興建「聖心教養院」，一九九〇年才剛剛完工啟用，就馬上收容了多達一百零二名院生，年齡從五歲到五十歲都有，接近一百個家庭的生命重擔因而獲得釋放。

蒲敏道神父每天早晨起床的第一件事，就是先去院內的小小禮拜堂跪下來向天父祈禱，然後去寢室探望所有的院生。每天晚上，他會逐一到院生的床鋪旁邊，帶領院生向天父祈禱。他知道每個院生表達的方式不一樣，他們都要蒲神父一一合著他們的雙手祈禱，這樣才會安穩入睡。

最有意義的記者會

一九九八年，也是聖心教養院完成後運轉的第八年，他進一步計畫要蓋一間專門收容「重度障礙者」的教養中心。他說：「這些人才是天使，因為他們看見人都會臉帶微笑，不會傷害別人，卻都會接納並相信所有與他們來往的人。讓這些天使都來住在一起，那就是一個美麗的伊甸園。」很多人聽不懂他這些話的意思，還有人認為他腦筋有問題。

在台灣，除了台中「大雅惠明盲校」有收容重度障礙的孩子外，沒有其他任何院所收容重度障礙的成人。此時的蒲神父年事已高，行動已經很不方便了，可是當他開始這項計畫時，仍然拼盡全力、四處奔波。可惜的是，雖然有後來新上任的行政院張俊雄院長鼎力協助，在這項計畫完成之前，蒲神父就因為身體老邁，呼吸和行動有困難，導致計畫進行到一半就胎死腹中。

二〇〇一年末，政黨輪替開始，蒲敏道神父也存著一個新的希望，他寫信給從行政院長職位退任下來的張俊雄先生，希望他協助一件事：他想要建一所專門收容中輟生的學園。他說：「孩子會蹺課、輟學，不想繼續到學校讀書，一定是家庭發生問題，要不然，就是學校老師教學的方法不是很正確，沒有引起孩子的興趣。但這些孩子都需要大家的愛，只要有愛，這些孩子就會在生命中生出學習的動力。」

他召開記者會，想要讓媒體都來報導，讓所有中輟生的家庭知道，他可以收容這樣的孩子。張俊雄先生答應蒲敏道神父一定會參加記者會，但讓張俊雄先生感觸甚深的，是記者會經過半個小時等候，竟然沒有任何一個報社派記者出席，當時天主教總主教單國璽神父也在場。張俊雄先生只好向單總主教和蒲敏道神父表示深深的歉意，並且表示這是他參加過最沒有記者出席、卻最有意義的一個記者會。張俊雄先生說：「這項記者眼中不值得一提的社會芝麻小事，卻是蒲敏道神父對台灣社會最大的愛。」

二〇〇二年七月二十三日，蒲敏道神父因為年老體衰，在台北耕莘醫院安息回天家，享年一百零二歲。

他去世時，房間裡的物品，就是他在一九五九年來到台灣時所攜帶的皮箱，裡面放著一套更替的衣服、一雙鞋底已經破洞的皮鞋、一頂帽子、一些盥洗用品，以及幾本書。非常簡單的物質生活，不但顯示出耶穌會的特色，也呈現出他豐富的心靈——他身處在我們的台灣，也關心著我們社會中最常被疏忽的一群身體有障礙的人，他活出了「愛」的真諦。

13 帶領夫妻修復關係的生物學家——歐保羅教授

在台灣談到生物學界的故事，一定會談到東海大學生物系的歐保羅教授（Dr. Paul Stephen Alexander）。

歐保羅教授是在一九二八年一月三日出生在美國的印地安那州。在印第安那大學生物系就讀，在一九五〇年和出身護理學校的露西（Agnes Lucille Brown）結婚，岳父是牧師。歐保羅教授在一九五四年進入博士班就讀，四年後取得學位，在這之前，他已經受聘在美國出名的西北大學生物系任教。

他們夫妻兩人都是非常敬虔的基督徒，經常有機會接觸到國外傳福音的宣教師，受到很大的激勵，也決定加入宣教師的行列。在一九五七年的冬天，他們向「美南長老教會宣道部」提出申請，然後在一九五八年五月接到通知，受差派到台灣「東海大學生物系」教書。同年的十一月二十日，夫妻兩人便帶著三個小孩來到東海大學，而那是東海大學創校的第三年，正好讓他趕上第一屆畢業生的教學工作。

歐保羅教授因為主修動物生物學，在東海大學開課教授「動物生理學」、「胚胎學」、「發生學」、「鳥類學」以及「兩棲爬蟲類」等課程。他上課都是用英語，所以東海生物系在他任教期間，很大的特色就是幾乎所有生物系學生的英語能力都比一般學生強很多。

歐教授當然知道並不是每個學生聽英語上課都很順耳，因此，除了在課堂授課外，他特別注重個別面談，主要目的就是要瞭解學生是否真的聽懂、學習的成效如何，或是有沒有遇到困難。他聽不懂華語，就用錄音機將學生的名字錄下來，所以只要說出名字，他很快就知道那位學生做什麼研究、有什麼興趣，以及其他和該學生有關的事。

雖然後來學生數量越來越多，他還是一樣，每個學生都會經過他的面談。他說：「當老師的，不是只有在課堂上一直講，也不是只在意學生的作業有否如期繳交，更重要的是要清楚知道學生在學習過程中是否有遇到困難。當老師的有責任幫學生排解學習障礙。只要把這些障礙排除掉，學生就會繼續學習下去。」

一九五〇年至七〇年，在台灣生物學系擁有博士學位的學者確實甚少，歐教授又是當時東海大學生物系唯一有博士學位的老師，學生們都對他寄予厚望，希望他帶學生做出特別的研究成果。因此，歐教授就利用課餘時間，帶領學生開始了台灣教學史上第一個對「本土青蛙」的研究。

說到研究青蛙，最有趣的就是歐教授的孩子們也跟著他一起研究。孩子們把家裡的浴缸當作實驗室，跟著歐教授到稻田裡，帶著手電筒和塑膠袋去抓青蛙。早期東海大學鄰近稻田甚多，晚上宿舍也聽得見稻田裡青蛙發出的聲音，生物系學生都能辨識出青蛙群聚的地方，連歐教授的孩子也清楚知道雄蛙和雌蛙約會的方式。

有一次在台北東吳大學開會，一群人正在討論問題時，突然聽到「呱呱」的聲響，與會的人以為有鳥飛進會議室，都在四處張望時，歐教授突然輕聲地說：「是青蛙。」不但這樣，還說出青蛙的學名，大家都睜大眼睛看著歐教授，也是從那時起，他是「台灣的青蛙專家」名號傳了出來。

而松鼠也是歐教授來到台灣之後，投入許多心力研究的功課之一。這項研究是和台灣大學動物系合作進行，主要是研究台灣松鼠和小型哺乳動物。為了研究松鼠的生態，歐教授幾乎走遍了台灣所有的山脈、森林。他總是利用課餘時間，特別是寒暑假期，帶著一群學生投入台灣本土生物的研究。

另外有一次，是在東海大學的「幸福家庭中心」開會，突然有聲音出現在會議室中，有人馬上說「有鳥飛進來了」。鳥飛進教室、辦公室的現象，在東海大學是司空見慣的事，但歐教授師母卻篤定地說「是松鼠」，原來是歐教授將松鼠的研究分享給師母，讓師母對松鼠也小有研究了。

對台灣生態的貢獻

在所有研究中，歐教授對台灣整個生物界研究貢獻最大的，就是關於「鳥類習性」的研究。但這種研究可不能拿關在籠子裡的鳥來研究，必須到各地去觀察，這不是一個人有辦法做到的，因此，在歐教授的牽線下，共計有八個研究機構合作，要將抓到的鳥兒繫上鋁圈套在腳爪上，鋁圈上有編號，然後到世界不同的地點去放飛，之後作記錄、遠距離追蹤。

會有機會參與鳥類研究之因，是在一九六四年，美國有位病理學家和鳥類學家麥可樂博士（Dr. H. E. McClure），他向美國國防部提出要進行「遷移性動物病理學之調查」，申請到一筆研究經費，並在亞洲地區成立「鳥類研究機構」，成立「繫放小組」，以便瞭解候鳥和流行病之間的關係。

因此，歐教授被邀請參與在台灣成立的「繫放小組」。所謂「繫放」，就是前述的先抓鳥來，在鳥的腳爪繫上鋁圈、登記編號之後，就放飛。一九六四年九月，在東海大學舉行第一次「國際鳥類放飛會議」，而東海大學生物系就是「繫放小組」，由當時生物系主任陳兼善教授當負責人，研究候鳥從澳洲到蘇聯西伯利亞的行蹤，記錄牠們遷移的路線。

歐保羅教授緊緊抓住這個千載難逢的機會，讓東海大學生物系可以和國際機構合作。從一九五九年到一九六四年的這五年時間，他原本沒有注意到在學校就有許多不同的鳥類過境，如今為了研究候鳥的生態，他必須和麥可樂博士到台灣的山脈走走看看，這一看讓他燃起熱情，投入更多心血研究台灣的鳥類生態。

以白鷺鷥為例，就有分成「留鳥」和「候鳥」；後者這種「候鳥」鷺鷥，是夏天留在台灣，冬天飛到菲律賓去。為此，東海大學生物系的研究小組在一九六五年特地飛到菲律賓的山區，幾乎走遍了菲律賓，從南部沿海的沼澤區到北部的高山區，也因為在山區遇到了原住民，終於發現菲律賓的原住民和台灣的原住民有血緣關係，這在學術研究上是非常重要的發現。

就這樣，由秋天到夏天，這個「繫放小組」共計繫了又放多達一萬二千隻，約有七十種鳥別。這項專案共計做了七年，繫放的鳥兒多達十六萬隻，超過一百種飛鳥。東南亞地區除了台灣外，有六個國家也參與這項研究計畫，成果相當好。後來歐教授在一九六五年七月寫給宣教差會的信中，他這樣寫道：「我對亞洲的認知正在起變化。不光是看到許多的鳥，也看到更多大自然的奇景，看到更多不同民族的生活，我更渴望的是：不論到哪裡，都可以和人多溝通，多見證耶穌的救恩。」

簡單幾句話，卻可看出他信仰的真實和用心，是將他的信仰用在他的學術工作上，知道自己的工作就是在傳揚福音。

一九七〇年，歐保羅教授和謝孝同博士（Dr. Sheldon Severinghaus）以及康國維同學共同出版了《台灣鳥類圖鑑》，可說是台灣第一本深具科學性的本土鳥類圖鑑，也從此掀起了台灣學生進行鳥類研究的風氣。

一九七二年，東海大學成立台灣第一個「野鳥社」社團，之後在台灣各地也開始有了「賞鳥」和各種「鳥類學社」的成立。因為這種風氣的蔓延，使原本在屏東楓港以南到恆春半島許多公共場所、餐廳、流動攤販「烤鳥」的現象不復存在，後來政府甚至立法嚴格禁止捕鳥。從這裡就可清楚看出，歐保羅教授對台灣鳥類保護和生態研究的貢獻。當時跟著歐教授進行這些研究的學生，如今已經有好幾位都已經在各大學擔任教職了。

傷痛與磨難接連襲來

然而，歐保羅教授在台灣的經歷並非只有一帆風順。他在台灣所遭遇的痛苦與磨難，可說是接連不斷，讓他的心靈一再受到重創。他第二個女兒多羅絲（Dorothy Lucille）於一九五九年在彰化基督教醫院出生，但一出生就發現有唇腭裂（俗稱兔唇），為此，他們全家不得不暫時回美國去進行整型手術。到了一九六五年八月，歐教授的長子司提芬（Stephen Carl）去花蓮度假時，因為感染日本腦炎，一個禮拜後便不幸離世，年僅十歲。

就在他們剛送走長子、還在療傷時，一個月後的九月十八日，歐教授的次子腓力（Philip）在東海大學附近的一個舊古堡和幾個同齡伙伴野餐，不慎跌落古堡的坑底去世，年僅八歲。這對歐保羅教授全家來說，是個非常大的打擊，但因為夫婦都有非常敬虔的基督教信仰，加上東海大學全校師生的關心、安慰，使他們在極度哀傷中，逐漸恢復、平靜下來。

歐教授夫婦說，在接連失去兩個兒子的那段痛苦日子裡，他們夫婦幾乎每天晚上都是相擁而泣，然後一起向上帝祈求，懇求天父看顧保守他們。他們說，只有信仰才能使他們在極度悲痛中接受這種慘痛的事實。

即使在信仰上非常堅定，還是會經歷許多磨難。其中有件事情，是和他們的好友、來自英國的宣教師艾偉德女士有關。艾女士在台北創辦「艾偉德兒童之家」，收容許多孤兒，其中有一個孩子，是有人半夜偷偷將一個剛出生的男嬰放在兒童之家門口，艾偉德女士看見，就將這孩子抱起來照顧，並且辦理了收養手續，將這孩子取名為「啟光」。但不幸的是艾偉德女士在一九七〇年去世，有人將年幼的啟光帶給歐教授夫婦看顧，就這樣，啟光成為歐教授家裡的一員，後來歐教授也聽從次女多羅絲的建議，準備收養啟光。

也是在這一年，他們的大女兒安惠（Anne Laura）完成了高中學業，要回美國讀大學。因此，他們決定要在六月中旬回美國，並且辦好啟光的認養手續，一起帶回美國。沒想到認養手續遇到了困難，原因是啟光原本是由艾偉德女士收養的，需要艾女士先放棄收養，歐教授夫婦才能認養。但艾女士已經去世了，所有資料文件都找不到，那該怎麼辦呢？歐教授讓妻兒先回美國，他自己留在台灣辦手續，但怎麼也沒有想到，辦理認養啟光的手續竟然耗費了四年的時間才辦好。

手續辦不下來，歐教授就繼續等，同時忙碌著學校的事。在一九七一年，他被學校任命為校長助理、理學院院長，真的非常忙，這一忙，竟然將要回去美國和妻兒相聚的事給拖延了下來。

那時，東海大學只有二支電話可以打國際電話，而歐教授家裡的電話根本就不能打國際電話。即使是用寄信的方式，也經常發生上封信寄出了卻沒收到，等下一封信寄了才兩封一起收到，要不就是都沒有收到的情況。歐師母很期待歐教授回美國，不然她自己一個人帶著三個女兒到處跑也是很累。

正巧，一九七一年七月二十日，台灣來了一個大颱風名叫「露西」，大大影響了台灣和美國之間的通訊，加上忙碌總是會讓親人之間發生問題，彼此都在懷疑到底對方怎麼了，為什麼都沒有聯絡。當「露西颱風」過去之後，歐教授好不容易從電信局打通了國際電話，這時候，在美國的另一位「露西」——歐師母幾乎是崩潰了一般，在電話中大哭，把結婚二十一年壓抑在心中的情緒全都傾洩出來，讓歐教授覺得剛吹過去的颱風「露西」和電話中的妻子「露西」很像。

修補婚姻的裂痕

歐教授知道若這樣繼續下去，他們的婚姻絕對會出問題，但在當時，無論怎樣努力，啟光的認養手續還是觸礁，他只好將啟光暫時寄放在另一位宣教師朋友那裡，自己先回美國，希望與妻子露西和三個女兒一起過聖誕節與新年，想用這種方式彌補家人情緒上的傷痕。

但也因為這樣，歐教授心中開始質疑：為了認養啟光，原本計畫好的整個家庭行程都打亂了，造成家人之間有了距離，這樣值得嗎？歐師母卻很堅定地說，問題不在啟光，因為啟光是上帝賞賜的禮物。因此，歐教授開始想到，應該要想辦法讓歐師母和他之間已經開始出現的冰冷現象解凍才對。

一九七二年三月，他們看見一則活動消息，是由天主教會舉辦的「夫妻懇談會」（Marriage Encounter）。歐教授夫婦便一起去參加，在那次聚會中知道了夫妻之間需要懇談，同時也學到懇談的方式。他們還結識了那次聚會的講師，是一位著名的心理醫師。就這樣，他們每週三都到那位心理醫師的診所報到，經過八個禮拜的上課、學習，加上歐教授夫婦過去在大學時代都曾修過心裡學，終於知道怎樣解開他們之間的衝突和癥結。

在這之後，只要有返回美國的機會，他們夫妻都會去參加這種「夫妻懇談會」的活動，這確實對他們夫婦修復感情相當有幫助。直到一九八六年，歐教授夫妻將他們所學到的婚姻功課用來幫助台灣社會，在同年六月舉辦台灣第一屆「幸福家庭研討會」。他們夫婦兩人用中英文主領「夫妻溝通工作坊」，所有參加的夫妻反應都很熱烈，也都因此修復了彼此的關係。

同年十月，他們在東海大學成立「幸福家庭中心」，輔導許多夫妻健全了家庭婚姻生活，並且開始栽培幹部。歐教授認為這種工作對自己、對別人都是很有意義的，因為家庭若健全，社會就會穩定。他告訴參加研習會的成員說：「若是一個家庭不和諧，所有的成就都不會有什麼意義；若是沒有家庭和諧所帶來的溫暖，就算在工作的領域上有許多成果，家，還是冰冷。每個家庭需要有信仰作基礎，才會清楚家庭存在的真實價值。」

從一九九〇年開始，歐教授和學校不同的老師合開通識課程，包括有「自然科學和信仰」、「人生的探索」、「超越的人生」等。就這樣，直到一九九六年七月，歐教授自東海大學退休回美國，前後在台灣有將近四十年的時間。

歐保羅教授雖是忙碌著學術領域的研究，但他一再告訴學生，信仰就是生命的基礎。他自己也秉持著同樣的生命態度，在東海大學任教期間，他從一九六九年開始擔任東海「路思義教堂」的執事以及執事會的主席，夫妻倆積極參與教會的事奉工作，甚至都參加該教會的詩班，妻子也擔任兒童主日學的教學工作。他們夫妻確實是一對令人懷念的宣教師和教育家。

14 延續父母對彰化鄉親的深切之愛——細漢蘭醫師

台灣醫界有一個流傳甚廣的感人故事，就是在一九二八年夏天，十三歲男童周金耀因為腿部受傷感染，面臨截肢的命運，彰化基督教醫院的蘭大衛醫師的太太連瑪玉女士，不忍心孩子遭遇這種事，請求蘭大衛醫師自她腿上切下四塊皮膚，移植到男童傷口。這是台灣首例皮膚移植手術，也是「切膚之愛」故事的由來。雖然移植術後因排斥而脫落，這份無私之愛卻流傳下來，感動了無數人的心。

被大家暱稱為「老蘭醫生」的蘭大衛醫師，他們夫婦都深受彰化人的尊崇和喜愛，因此，在彰化才會流傳「南門媽祖宮，西門蘭醫生」這樣的話，可見老蘭醫生在彰化民眾心中的地位。在一九一四年十二月十六日，細漢蘭醫生（台語「細漢」為年紀、輩分較小之意）出生時，整條街的人們都相互傳報這大好消息：「蘭醫生生子囉！」也因為這樣，老蘭醫生夫婦當時就有了個決定：培養這個孩子將來繼續醫療傳道的工作。

蘭大弼醫生（David Landsborough IV）也就是細漢蘭醫生，從小在彰化長大，小時候父母讓他和左鄰右舍的小孩玩在一起，他總是跟其他小孩一樣，打赤腳四處遊玩，到田裡去抓泥鰍、採水車，去廟口看歌仔戲、布袋戲。他也很會玩當時小孩子常玩的打陀螺，也愛吃彰化肉圓。從這樣的成長背景可以知道，他是先學會講台語，之後才開始學講英語，這也是為什麼他總是說自己是「正港的台灣囝仔」。

細漢蘭醫生說：「從小就是看見父親常常在醫院，母親常常都在禮拜堂。」他就是在這種信仰濃厚的家庭氛圍薰陶下長大的，也因此培養出一顆誠懇、謙虛、充滿愛的心。

因為他立下志願將來要當醫生、服務貧窮病人，老蘭夫婦知道必須送他去接受醫學訓練，因此在一九二五年他十一歲時，先送他去中國山東煙台一所英國教會所創辦的學校讀書，到他十七歲完成中學課程後，再到英國倫敦大學醫學院就讀。他雖然希望將來也能像父親那樣，當個優秀的外科醫生，但在醫學院就讀期間，他發現自己會緊張，無法具備外科醫生最需要的冷靜，因此改變原本的目標，走向神經內科。

細漢蘭醫生確實很優秀，他在倫敦大學醫學院用八年時間，不僅完成基礎醫學教育，更在一九三九年進一步拿到神經醫學的博士學位，那時他年僅二十五歲。而這時的歐洲已經掀起了大戰，許多同學完成醫學課程後，紛紛投入軍隊服務，但他並不想這樣做，於是向英國倫敦的「傳道會」提出申請，希望成為醫療傳道者。

因為他會台語，所以在一九四〇年被差派到中國福建泉州的惠世醫院服務，這是英國宣道會所創辦的教會醫院。當時的中國已經因為日本武力的入侵，北方淪陷為「滿州國」，許多北方民眾紛紛逃難。戰爭發生後一定會出現的事，就是民生物資欠缺，因為各種生活物品幾乎都優先供應軍隊去了，醫藥物品更是如此。各項物資欠缺之下，傳染病就更加猖獗。

為了能夠更完善地幫助病人，細漢蘭醫生決定再回倫敦去進修內科一年半的時間，也因為這次進修，才讓他有機會認識到同在倫敦大學醫學院剛完成學業的高仁愛醫師。之後兩個人結婚，一起回到福建泉州的惠世醫院服務。再後來，中國共產黨取得政權後，驅離所有外籍宣教師，他們夫婦也因此在一九四九年回到英國。

但細漢蘭醫生還是沒有忘記他許下的願，因此，在英國宣道會的差派下，他們夫婦終於在一九五二年回到他所熟悉的彰化基督教醫院來服務。

為病人洗腳

父母的行為會影響孩子的態度，特別是生命的價值觀，影響更大。當細漢蘭醫生夫婦回到彰化基督教醫院時，醫院的員工就在他身上看見了老蘭醫生的影子：心思細膩、溫柔慈祥、謙恭有禮，更特別的是還具有豐富的幽默感，以及所有宣教師共有的特質——節儉，自己過著儉樸的生活，把節省下來的東西拿來幫助窮困的病人或家庭。細漢蘭醫生夫婦回到彰化基督教醫院時，董事會準備要買一部車子給他們用，但他們夫婦拒絕了，說騎腳踏車就好了。

今天如果你有機會去彰化基督教醫院院史館參觀，就會發現細漢蘭醫生當年騎的那輛腳踏車就放在櫥窗裡。該院紀念一百週年時，特地邀請他從英國回來，他看見櫥窗裡還擺放著他騎過的那輛腳踏車，就問當時帶領他參觀的黃昭聲院長：「那輛腳踏車是否還可以用？」黃昭聲院長說「可以」，他很不解地說：「還可以騎，為什麼放在那裡不用？很可惜！若是有人需要，也可以送給需要用的人啊！」

細漢蘭醫生從父親身上學習到的，就是對病人問診的態度都非常仔細，且會非常注意病人痛苦的感受，即使是非常細微的事也會注意。例如冬天時，他們夫婦都一樣，要拿聽診器替病人看診時，都會先將之握在自己手中，使聽診器溫暖了之後，才貼到病人身上。若為了診察病人而需要脫下病人的鞋子，他們夫婦就會親手替病人解開鞋帶，脫去鞋子和襪子。

特別是醫生娘高仁愛醫師，她是個婦產科醫生，對病人的疼愛使許多比她年長的婦女也想稱她為「阿母」，因為她簡直就像母親一樣，溫柔關心著每個就診的病人。她總是說：「懷孕的婦人要彎腰下去脫鞋襪很辛苦，我來替她們脫比較容易。」從這裡就可看出他們夫妻對病人的疼惜，和對病人疼痛感受的同理心。這真的是目前台灣學習醫病關係最佳的典範。

細漢蘭醫生是腦神經科的專家，彰化基督教醫院的神經內科就是他創設的。因為他傑出的診治，許多病人遠從屏東、高雄、台南，甚至是宜蘭、花蓮等地來此求他治療。這些病人和家屬都會戲稱自己是「兩個便當的病人」，他們會這樣說，是因為天剛亮，就要搭乘客運，然後再轉火車才來到彰化基督教醫院，因為路途遙遠，整個車程要吃兩次便當才會抵達。

有時因為要檢查腦波，需要病人先洗過頭才可以檢查。因此，有的護士看見病人沒有洗頭，就會不高興，說「對不起，這樣無法檢查」。但病人從這麼遙遠的地方來，只因為沒有洗頭就無法檢查、看診，細漢蘭醫生聽到後，都會要求護士幫病人洗頭。也因為這樣，以後護士都知道不能再叫病人回去，而是主動地替病人洗頭。

一九五二年，細漢蘭醫生被董事會任命為院長之後，就宣布彰化基督教醫院的宗旨：醫療、傳道、服務、教育。他們夫婦兩人都和老蘭醫生夫婦一樣，醫院每天早上有禮拜，他們夫婦一定帶頭參加。他們的信念很清楚：會敬拜上帝，就會知道醫療工作需要上帝的手帶領，不是倚靠人的力量。也因此，醫院同仁都必須參加禮拜，不准缺席。舉辦學術演講也是一樣，只要沒有門診的人都必須參加，而他夫婦兩人總是帶頭坐在最前面。

醫院同仁對病人的關心和疼惜，並不是因為細漢蘭醫生是院長，大家才聽他的話，而是因為很多護士親眼目睹他在看診時，有的病人因為腳跟的末梢神經壞死而變黑，甚至發臭，病人自己用布包紮，也沒有穿鞋子，就打赤腳走到醫院來，而細漢蘭醫生會親手替病人解開那些骯髒的布條，拿起腐壞而發出濃濃臭味的腳踝，然後要護士拿藥水給他，親手為病人清理腐壞皮肉，還用鼻子去聞，以做出正確的診斷。有些護士都已經忍受不下去了，他還是面帶微笑，拿著測試棒敲打病人的腳跟，頻頻詢問「會不會痛」。

這樣的事一次、二次、三次地不斷發生，醫院開始流傳這些護士親眼目睹的景況。後來大家才體會出細漢蘭醫生一直教導他們的，以謙卑服務的態度來照顧病患，且是真的替病人洗腳。他不但要大家要有「為病人洗腳」的精神，也要有「彼此相互洗腳」的心志。耶穌也曾用替學生洗腳的方式，教導門徒就是要有這種「僕人」的態度。

用生命去愛人

今天許多醫院都一再添購新的醫療機器，醫生也喜歡依靠機器來為病人看診。但細漢蘭醫生常常告訴年輕的醫生說：「看病最重要的是『從頭到腳』，而且不僅要看人，更要看他所處的環境，對病患的痛苦要真心地憐憫，對病患的處境要真誠地關懷。」他很感慨地說：「現今大家都太依賴X光、超音波等許多先進的檢查，但我寧可希望醫生們能仔細聆聽病人說些什麼，並且小心看病歷。應該去重視病人本身傳來的訊息，去感受、觀察、診斷，而不是只靠科學儀器來看病。」

他這樣說並不是否認科技帶來的新機器不好，而是要提醒醫生們「病人到底是活生生的人」，需要醫療人員真誠的關懷。細漢蘭醫生強調的是「臨床問診是首要，儀器檢查是次要」。他說：「良好的設備固然重要，但有一種更高級的設備是用錢和科技都買不到的，就是醫護人員那顆仁慈、忍耐、同情和愛人的心。」

他擔任彰化基督教醫院院長二十八年之久，就如同醫院全體員工的父親一樣，對護理人員的訓練也非常嚴謹。在他帶領之下，最令他感到安慰的一件事，就是在該院長期臥床的病人當中，居然都沒有褥瘡的情況發生（那時還沒有健保，規定住院最久不能超過二十八天），因為護理人員都很細心，將病人照顧得無微不至。他告訴護理人員，護理工作首要的就是用自己的雙手去為病人服務，而不是只會告訴病人家屬該做些什麼。

我們很容易講「要愛人」，但講的容易，確實要實踐起來，並不是那樣簡單。有資深的醫院老員工就說到幾個例子，來形容細漢蘭醫生對員工的疼惜，和對醫院病人深切的愛。

那是發生在一九五九年八月「八七水災」時的事，彰化基督教醫院門前的中華路幾乎淹成了大水溝，廚房是在醫院本部，護士的宿舍是在醫院對面，細漢蘭醫生擔心護士們肚子餓，堅持要親自背著廚房準備好的飯菜到對面給護士們吃。他個子高大，將煮好的餐食背在身上，比較不會被水淹到，然後他就這樣一趟又一趟地「蹽水」送過街給護士們。

醫院的同仁都不敢這樣做，因為水流實在太湍急了，大家只能站在醫院二樓窗邊，眼睜睜地看著他好多次在湍急的水流中差點被沖走，又努力地走向對街騎樓，用手扶著柱子，可說是用邊走邊游的方式，才把所有的伙食送到護士手中。

不只這樣，這些員工最感動的，是每逢農曆年除夕夜，細漢蘭醫生知道台灣人的習俗，當晚全家要圍爐，因此，他總是會主動地拿著枕頭去急診室值班，讓所有急診室的員工回家去團圓。

在還沒有健保、社會福利又不是很周全的時代，細漢蘭醫生深知窮人生病的痛苦，也很清楚這種貧窮人家最怕生病，因為看醫生要花很多錢。因此，他一再吩咐醫院的同仁，盡可能減少病人的醫療負擔。他告訴所有的醫生：「不必要的負擔，即使是一分一毫，也不允許。」每當有窮困病人需要輸血，夫妻兩人都是率先捲起衣袖捐血，但都一再叮嚀醫務人員，不可以讓病人知道是他們捐的。

細漢蘭醫生娘高仁愛醫師，是中部地區極富盛名的婦科醫生，她很關心社區衛生健康教育的重要性，因此，經常到南投、苗栗、台中縣等山地部落和沿海貧困地區去推動衛生教育工作，也非常認真地推動「家庭生育計畫」。

此外，只要聽到有山地或貧困家庭的青年要去神學院或是醫學院讀書，夫婦兩人就會給予幫助，好讓他們可以順利完成學業，當個忠實的傳道者或是醫療工作者。他們夫妻都有一個共同理念：醫療和傳道是一體兩面，分不開。若知道有腦神經內科醫生想去英國進修，細漢蘭醫生一定會親手寫推薦函。

在彰化長大的英國籍台灣人

在彰化出生、長大，又從一九五二年回到台灣的細漢蘭醫生，接續他父親老蘭醫生當彰化基督教醫院院長的工作，直到一九七九年六十五歲屆齡退休，共計二十八年時間。退休時董事會給他近兩百萬退休金，但他們夫妻分文不取，全部奉獻出來，說這可以用來幫助窮人就醫的需要。

一九八〇年退休後，細漢蘭醫生夫婦要返回英國時，他們身上僅有的就是兩個當年從英國帶來的舊皮箱，又再次帶回英國。他們沒有其他的行李，只有他們奉獻生命最寶貴歲月在台灣的人情和記憶，此外什麼都沒帶走。

在其中一只皮箱裡，細漢蘭醫生藏了一根台灣的榕樹枝幹，回到英國時就種在他倫敦寓所前面的院子裡。這是他最喜歡向眾人展示的成果，也代表了他對台灣的熱愛。兩袖清風的細漢蘭醫生回到英國後沒錢購屋，後來繼承了無後嗣兄弟的遺產，才購置一幢兩層樓的磚房，在住家門口用英文和華文寫著「蘭寓 FORMOSA」，彷彿還住在台灣一般。

細漢蘭醫生夫婦離開彰化、要回去英國的當天，彰化鄉親和當年送別老蘭醫生夫婦一樣，整個彰化街頭擠滿了人潮，並且舞獅舞龍、鑼鼓喧天，一直排到松山機場。彰化民眾說他們要送「上帝的天使」回英國故鄉。

一九九一年，台灣旅美僑胞設立的「台美基金會」頒發給細漢蘭醫生「人才成就社會服務獎」，在加州長堤的頒獎典禮上，滿頭白髮的細漢蘭醫生上台領獎時，用道地的台語致詞：「我是一個在彰化長大的英國籍台灣人。」這簡短卻相當有力的發言，觸動了在場的每一個人，許多人在台下感動落淚，而這段話現在也貼在彰化基督教醫院的院史館中。

一九九六年，細漢蘭醫生聽說當時的李登輝總統要頒獎給他，他原本不想接受，但彰化基督教醫院對他說，這已經不是他個人的事，而是李總統要代表全體台灣人民對他們夫婦和父母親給台灣人民的貢獻，表示一份感恩。從英國回台灣接受李登輝總統頒贈「紫色大綬景星勳章」的細漢蘭醫生，當時已經八十三歲，他說：「每一個人都有根，有根長入土地；我在台灣有根，我真有福氣，能在台灣做囝仔，然後做大人服務台灣人。」同一年，他也榮獲第六屆「醫療奉獻獎」。二〇〇八年，行政院又頒發象徵最高榮譽的「一等功績獎章」給老蘭醫生、細漢蘭醫生父子，表彰他們在台灣留下令人感動的「切膚之愛」和「洗腳精神」的典範。

二〇〇九年九月，獨居的細漢蘭醫生記憶力愈來愈差，步伐也變得不穩。有次不慎跌倒，緊急送醫才發現髖骨骨折，開刀治療後送到老人院。二〇一〇年初，他的身體越來越衰弱，臨終前，朋友去探視他，問他：「要寫信給誰嗎？」他寫下「台灣」兩個字，成為他一生最後的字跡。

彌留之際，他喃喃自語，英國的醫護人員聽不懂他在講什麼，以為他胡言亂語；但是懂台語的大兒子一聽才發現，父親講的是台語，他反覆用台灣話說他十分想念早他一步去世的妻子、說他掛念台灣的朋友，最後一句遺言是：「要照顧艱苦人，要照顧窮人……」

老蘭醫生和細漢蘭醫生父子兩代，在台灣共計奉獻了六十八年，他們遠渡重洋而來，將現代醫學帶入台灣，更把「愛」灑在台灣這塊土地上。我們現在常常聽到「愛台灣」，但什麼是「愛台灣」呢？蘭大衛、蘭大弼醫生用行動告訴我們：什麼是「愛台灣」！

15 為兩萬人接生的魚池鄉之母——王林添汝助產士

在一九七〇年代，台灣有幾位非常傑出的助產士，例如：台北坪林的蔡巧女士、台東關山的胡葉寶玉女士，以及高雄橋頭的洪寶帶女士。在她們居住的地區，幾乎有超過一半以上的人是從她們手上接生，平安到這世界上來。除了她們，還有很多助產士是居住在偏鄉地區，成為當地婦女很大的幫助，有的甚至不僅負責接生工作，還要擔起教導產婦如何養育嬰兒和婦女衛生教育的工作。

王林添汝女士也是一位傑出的助產士。她是在一九一四年五月六日出生於彰化，家裡兄長們在日治時代都受過高等教育，包括她自己也是，可說一家都是當時台灣社會的菁英分子。王林添汝女士在公學畢業後，進入彰化高等女子學校讀書，畢業就考上「台灣總督府醫學校助產科」，也就是現在「台灣大學」的前身。

畢業後，她前往日本進修護理一年，學業完成後，回台灣參加總督府舉辦的助產士考試，獲得正式的助產士執照。她跟高雄橋頭的洪寶帶女士一樣，都是屬於高學歷、且是正規教育訓練出身的助產士。

王林添汝女士獲得助產士執照後，鄰里居民都競相傳報，因為當時甚少有這種高學歷身分的助產士。消息很快就傳到南投縣的魚池鄉，該鄉鄉長（當時稱為「庄長」）正好是王林添汝女士的長兄求學時的同學，求賢若渴，親自到彰化她的家去遊說，邀請她到魚池鄉去開業，幫助照顧該鄉的婦女。她的兄長們看見鄉長這麼熱情也深受感動，就這樣，在陳鄉長的誠摯邀請和她母親及長兄的鼓勵下，她在一九三三年隻身前往當時被看成窮鄉僻壤的魚池鄉，在衛生所擔任公共衛生護士，奉獻她的一生。

有趣的是，她到了魚池鄉，才發現自己不單要當個護士，也是助產士。她也是全魚池鄉學歷最高的一位，因為在當時鄉下，讀到公學校高等科畢業就已經很不錯了，若能讀到中學，那是更高階層，能繼續讀到大學的少之又少，何況她是日本留學回來的正科班護理和助產士。也因為這緣故，她在魚池鄉的角色顯得非常突出。

如果你問現今五十歲以上的當地人，是否認識一位名叫「王林添汝」的助產士，絕大多數的人都會露出一副「莫宰羊」的表情。但若是說「老產婆」，大家都會帶著微笑，伸手指出她的住處，可說是無人不知、無人不曉。

如今的「老產婆」王林添汝女士，當年到魚池鄉衛生所工作時，才剛滿二十歲而已。可以想像的是：一個才二十歲出頭的年輕女孩，隻身去到一個人生地不熟的鄉下地方，從此一肩挑起全魚池鄉「傳宗接代」的重任，那壓力是多麼巨大。王林添汝女士在八十歲結束助產工作、接受訪問時這樣說：「回想起這段六十年前的往事，那時會答應全都是憑一股傻勁，到了魚池鄉工作開始之後，才知道那真的是苦，好幾次都想『落跑』回彰化去。」

每當有臨盆產婦家人來通報要接生，即使是深夜也要出門，手裡拿著燈籠、手電筒，一路趕去。有時要翻山越嶺，有時要涉過溪水，也有時要牽著腳踏車爬上山坡，下坡時就是一直踩著煞車板。下雨天也得出門趕去，等到順利接生下嬰兒、處理完成回來，天已經亮了。

在狂風暴雨中為人接生

早期的農村家庭，婦女生五、六個小孩子是很普遍的現象，有的甚至生更多個。

但魚池鄉因為對外交通不便，產婦臨盆大多只能求助於助產士幫忙接生。王林添汝女士說她曾經有一天接生高達十個新生兒的記錄，平均每月接生二、三十名新生兒是很平常的事。從這裡就可看出接生工作確實很繁忙，甚至到了令人疲憊、沉重的程度，即使已經很勞累了，但王林添汝女士從不說「不」，因為她非常清楚那是一個生命的來臨。即使產婦的家路途很遠，她當天已經接生好幾個了，還是一樣堅守著助產士的崗位。這也是她贏得魚池鄉鄉民敬佩的原因。

若只是去接生還好，但因為王林添汝女士是魚池鄉衛生所編制內的助產士，因此每次接生，不論是產婦來衛生所，或是她去產婦的家，完成後都要趕緊回辦公室，將記錄填好才能回家休息。她的先生王福明個性內斂，平時話也不多，但每當提到自己的妻子，就會忍不住豎起大拇指，稱讚道：「她實在不簡單！」他說：「雖然她的主要工作是接生，但還是要處理一些新生兒登記等行政工作；有時晚上接生到清晨，一早又得到衛生所上班，日以繼夜地工作，真的很能幹。」

王林添汝女士這樣描述接生的工作：

在彰化接生，還有車子會接送，但到了魚池鄉，就只能靠著雙腿走路；魚池鄉四處都是山區，一趟路走下來，兩、三小時是非常普通的事，有時走更遠，會走到腳酸、發麻。若是在白天還好，遇見了認識的鄉民，都還會打招呼，也有人會主動陪著走，還會替我拿接生用的袋子。有人陪著走路，一邊走一邊講話，就不會覺得累。

但若是晚上，就只有產婦的家人。要是適逢下雨天，特別是冬天寒風刺骨的時候，那時，也不知道是被雨淋濕的，或是因為自己在掉眼淚，不過，我想是自己在哭吧，只是不敢哭出聲，因為怕被產婦家人看見我哭。不過，等到接生工作順利結束，走回家的路上，雖然只有自己一個人，也感覺很欣慰，同樣的路，走起來卻覺得很輕快。這就是我這許多年來當助產士工作最大的心得。

上述這段話可說是早期助產士共同的經驗。不只如此，在前往產婦家的路途中，她還曾經遇見凶惡的狗跑出來要咬她、攻擊她，讓她真的被嚇到了，很想馬上回頭，但這時，她想到臨盆的產婦及其家人都在等待自己、期待嬰兒的來臨，只好咬著牙，勇敢地繼續向前走。後來，為了預防被狗咬、攻擊，她出門時都會拿一支雨傘，既可預防下雨或用來遮陽，也可以防衛突然從路旁衝出來的狗攻擊或咬她。

有一次，偏遠山區的產婦因難產又碰上颱風來襲，家裡的人跑來求助，她毫不猶豫地馬上前往山上，但由於徒步前往產婦家約需五個小時，產婦疼痛難忍，只好由家人背負下山，結果在半山腰遇上冒雨前來相助的王林添汝女士。於是，她們就在風雨交加中，把田邊的工寮當作臨時產房，展開了驚心動魄的搶救接生工作。

因為工寮沒水又沒電，也沒有可盛水的工具，王林添汝女士脫下自己穿的雨鞋接雨水，為產婦及剛出生的嬰兒清洗消毒，並在大雨滂沱的簡陋工寮中燒熱水、沖泡中將湯，讓產婦恢復體力。事後，那位產婦曾數度前往魚池鄉衛生所找她致謝，卻因故一直未能碰上面，讓人覺得非常可惜。這樣的醫療精神，恐怕已經很難在今天的醫界找到了！

不只接生，還要衛教

王林添汝女士到魚池鄉衛生所工作後，認識了同在鄉公所工作的王福明先生，就這樣嫁給王先生而成為魚池鄉的媳婦。在她那個年代，生兒育女六個以上是非常普遍的現象，但她和夫婿卻只生下一個孩子，就決定不再生了。

原因是有一次政府發了一輛腳踏車給衛生所當「公務車」，這樣在她出差時，就可騎腳踏車去接生或是進行衛生教育工作，但魚池鄉當時的道路幾乎都是石子路，不但騎起來很顛簸，摔倒更是常見。就是因為有一次她在懷孕時騎腳踏車外出接生，卻不慎跌倒，才導致自己流產，這對她打擊非常大。在那次危險的經歷之後，雖然那時他們只育有一個獨生子，但她和夫婿王先生就決定不再生育，好讓自己可以專心幫助別人生產。

這樣的愛心，就是王林添汝女士受到魚池鄉民感念的地方。只要到產婦家去接生，她很快就能看出該家庭的經濟生活狀況，並不是每次都會拿助產費，只要遇見貧窮人家，不但不會收費，還會在兩天後，到產婦的家去教導產婦和家人怎樣照護嬰兒，每次去的時候，都會順手帶著奶粉給產婦當作營養品，也會買嬰兒用的毯子、包巾等用品送給產婦。因為她知道貧困的家庭更需要幫助，若能讓這些家庭生下的小嬰兒順利長大，以後就可幫助家庭、改善生活。

每當她出去接生，若是路過曾經她接生過的家庭，也會在工作結束的回程中，順便去看一下她們將嬰兒照顧得怎麼樣。她會主動提供一些很重要的衛生常識，就像她自己所說的：「有正確的衛生常識，產婦和嬰兒就可以減少不必要的疾病纏身。」她最讓產婦感念的，是她絕不會接生完了就算，還會在產後三、六、九天，到產婦家裡去幫小孩洗澡，用這種方式教導產婦怎樣替自己的嬰兒潔身沐浴、護理臍帶，直到孩子落臍為止。

她也會教導產婦怎樣帶小孩。在今天，年輕的媽媽都會「照書養」，但在王林添汝女士的時代，根本沒有這方面的書籍，所以她就利用替嬰兒洗澡、沐浴的時間，趁機進行衛生教育工作。更令人感動的，莫過於她常會將產婦家人包給她的「紅包」轉送給那些貧窮的產婦，讓貧困的產婦可以多買些食物補身。

王林添汝女士的獨生子、京都大學醫學博士的王輝生醫生，從小就和母親出去為孕婦接生，深受母親影響，他說：「因為從小就看見母親對貧困人家的憐憫之心，使我學會怎樣關注身邊窮困的人，這種身教幫助我甚多，也使我對行醫的工作產生高度興趣，決定以後長大要去當醫生，幫助更多窮困的人。不但這樣，我也選擇當個婦產科醫生。」

後來王輝生醫生果然成為了婦產科醫生，雖然因為去日本進修、結婚而留在當地開診所，但他都會注意台灣的消息，若有任何貧困人家需要幫助，就會出力協助。他曾特別撥出半年時間，到埔里基督教醫院當婦產科醫師的義工。後來在一九九九年發生「九二一大地震」災難，他特地從日本寄回一百個帳篷給魚池鄉鄉公所，發送給災區民眾。他說母親的影響一直深深地刻印在自己的心中。

王林添汝女士從一九三三年二十歲那年開始，投入魚池鄉衛生所的助產士工作長達四十一年之久，直到六十一歲退休之後，還持續在魚池鄉擔負助產士的工作，直到八十歲才因為年紀大而停止，被獨子王輝生醫師接到日本去照料。在這六十年的時間中，經她接生而出生的新生兒至少有兩萬人以上，難怪魚池鄉的鄉民稱她為「魚池鄉之母」。

二〇〇五年九月六日，王林添汝女士以九十一歲高齡在日本安息回天家。當年被她在颱風來襲時接生下來的那位產婦和出生的么女，聽到王林添汝女士安息時，母女兩人特地從山上下來，到設置在魚池鄉的靈堂弔唁。

魚池鄉長廖學輝先生和幾位都是從王林添汝女士手中接生而長大的鄉親，大家將她和她先生兩人的生平事蹟集結成冊，出版了《我永遠的故鄉魚池鄉》這本書，以此感念王林添汝女士對魚池鄉的貢獻。

16 讓孤苦無依的孩子有一個家——高甘霖牧師

在台灣早期，有一個投入許多心血資助孤兒寡婦的機構，稱為「基督教兒童福利基金會」（Christian Children's Found，簡稱CCF），這個機構的主要負責人就是高甘霖牧師（Rev. Glen Daniel Graber）。

高甘霖牧師是在一九二〇年生於美國愛荷華州的韋蘭鎮（Wayland），在二次大戰結束前夕完成大學的學業。他原本主修生物學，並計畫大學畢業之後念醫科準備當醫生。但因為二次大戰之後，他從教會和新聞報導中得知中國民生凋敝、亟需救助，於是在一九四六年加入基督教「門諾會海外救濟會」，受派到中國河南開封，投入戰後救助工作，特別是醫療、兒童照顧及賑災的服務。

當時的中國，並沒有因為戰後而讓人民稍微有喘氣休養的機會，而是接續發生了三年的國民黨和共產黨的內戰，到一九四七年，共產黨已逐漸控制了中國。因此，門諾會準備離開中國，那時先一步受派到台灣、加拿大長老教會的孫雅各牧師夫婦，聽到這個消息，趕緊到上海邀請「門諾會海外救濟會」派醫療隊來台灣服務東部的原住民。就這樣，該會於一九四八年派了後來成為高甘霖牧師娘的珍妮・史來特（June Straite）護士等七人所組成的巡迴醫療隊，來台灣展開山地醫療服務的工作。

一九四九年，高甘霖牧師也從中國轉來到台灣，先與孫雅各牧師娘孫理蓮女士從事收容孤兒的工作，並於隔年加入以花蓮為基地的山地巡迴醫療隊。由於高甘霖牧師與孫理蓮女士的孤兒收容工作獲得美國「基督教兒童福利基金會」董事包霖博士（Dr. Daniel Poling）的贊助，同一年，高甘霖牧師便和包霖博士在台中設立了「光音育幼院」，這可說是全國最早以家庭模式撫育孤兒的育幼機構。

之後，高甘霖牧師又分別在一九五三年及一九五六年，陸續設立了「台中育嬰所」以及「台北盲童育幼院」。「光音育幼院」等於是台灣「基督教兒童福利基金會」的濫觴，「台中育嬰所」則是全台灣第一個成立的育嬰機構，而「台北盲童育幼院」在一九六一年遷至台中大雅，這就是「台中大雅惠明盲校」的前身。

結合山地醫療與福音工作

一九五二年，高甘霖牧師接下了「門諾會海外救濟會」台灣事工的負責人一職，除了要維持東部山地醫療的工作外，他每個月至少要前往該會設在台東、屏東、竹東等地的眼科診所巡視一次，看照這些地區的患病民眾。也是在這一年，高甘霖牧師更開辦第二支「巡迴醫療隊」在西部山區為原住民服務，這支醫療隊的同工還包括呂春長牧師及謝緯醫師等人。

門諾醫院前院長高明仁長老說，當時高甘霖牧師率領的醫療隊與長老教會的山地宣教合作無間，雙方共同遵守一項君子之約，即門諾會醫療隊從事醫療服務，不設立教會，若有原住民因受到醫療服務而信主，則交由長老教會給予帶領，或在需要的地方設立教會進行後續的宣教及栽培；而長老教會則給予門諾會醫療隊必要的本地人才的支援。高明仁長老說，台中梨山的「梨山長老教會」就是在這樣的情況下設立起來的，其中高甘霖牧師貢獻甚大。

門諾醫院前院長薄柔纜醫師特別提到，門諾會海外救濟會的基本政策，就是從事醫療及救濟服務時，不做福音工作，但高甘霖牧師相當強調兩者應該結合。於是在山地巡迴醫療服務中，他們會帶病患做禮拜並且播放福音影片，讓病患的心靈受到撫慰與感動，因此帶領了許多原住民信主。這段軼事讓我們看到了台灣山地宣教奇蹟背後．多年來被遺忘的一股力量。

六十多年前的台灣，環境雖然沒有一百多年前那麼險惡，但是像高甘霖牧師這樣的宣教師，仍然是冒著生命危險在這塊土地上拼命傳福音，一點也不能鬆懈，或是找到任何怠懈的藉口。薄柔纜醫師說到有一次高甘霖牧師差點喪命的深刻事件：

事情發生在一九五三年，那年薄柔纜醫師剛到台灣，高甘霖牧師帶薄醫師夫婦到花蓮，之後馬上南下台東，視察當地設置的眼科診所。隔天薄醫師接到台東打來的電話，說高牧師因下腹部劇痛，昏倒在即將離開台東的巴士上，被送至一位宣教師家裡，請薄醫師盡快到台東協助。

經薄醫師診斷，高牧師罹患的是穿孔性胃潰瘍，必須盡快開刀治療。但因台東當時沒有靜脈注射液，所以薄醫師在徹夜看顧高牧師之後，決定在天亮前將他轉送台北。薄醫師不知道台灣當時竟然買不到開刀用的安全靜脈注射液，而高牧師因天熱正大量流汗缺水，後來薄醫師費了一番功夫，才輾轉從一位國防醫學中心實驗室的教授那裡獲得五百西西的靜脈注射液，順利為高牧師進行手術，化險為夷。

在山地巡迴醫療中，不是醫生的高甘霖牧師，時常得當起醫生，替病人解除病痛。有一次一位原住民婦女臨盆，來不及送她到診所，於是高牧師就為她接生。產婦的家人在慶賀之際，就將嬰兒取名為「阿美利卡」（America），以此紀念來自美國的高牧師。

高甘霖牧師在台灣「門諾會海外救濟會」的醫療工作共五年半，一九五四年協助薄柔纜醫師創建花蓮門諾醫院之後，他看到在台灣的階段性任務告一段落，就將「門諾會海外救濟會」的工作交由「門諾會海外宣道會」接手。隔年，也就是一九五五年，他又將醫療任務交給薄柔纜醫師，自己返回美國去念神學，並於一九五七年自神學院畢業、受封立為牧師，並且以「門諾會海外宣道會」的宣教師身分，再度回來台灣。

一九五七年以後，高甘霖牧師在台灣的工作以開設教會以及兒童福利事工為主。他與呂春長牧師於一九五四年在台中創設門諾會在台灣的第一間教會「林森路教會」；一九五七年至一九六一年之間，兩人更合力創設台中西屯、台北大同、台中大雅及南屯教會四間教會。

一九六二年，在孫雅各牧師的證婚下，高甘霖牧師與相識十二年、曾在門諾會山地醫療隊擔任護士的珍妮小姐結婚。

積極投入兒童福利工作

從一九六〇年起，高牧師積極創設「基督教兒童福利基金會」（以下簡稱CCF）在台灣的工作，一九六二年接辦「大同育幼院」，一九六四年成立「台中家扶中心」，隨後創設「基督教兒童福利基金會台灣分會」，並擔任首屆會長。

曾與高甘霖牧師在CCF共事多年的門諾會宣教師施甘霖先生（Kenneth Steider）表示，高牧師有極佳的行政組織能力及領導能力，並極富遠見。他將韓國CCF的「家庭扶助計畫」引進台灣，開辦台灣家庭扶助業務，協助單親（鰥寡）父母，讓兒童在家接受照顧，並推出認養方案籌募家扶基金，幫助貧困家庭。

台灣CCF在一篇介紹高牧師的文章中，也極為推崇他的遠見：「高甘霖牧師以其熱心與遠見，把『光音育幼院』辦理為一所極為優良的模範育幼機構。一開始，他就採用兼顧兒童身心發展以及家庭氣氛的家庭式教養，一反傳統的機構式教養。這在台灣是空前的創舉，成為日後許多育幼機構仿效的對象。」

台灣CCF從一九六四年至他退休的二十三年間，成長極為迅速，認養兒童由最早的五十名增至兩萬兩千九百名，經費由每年八萬元增至一億餘元。這段期間，CCF除了經營已設立的三個育幼院及二十三處家扶中心外，也輔助了許多機構，包括：義光、救總台北兒童中心，華興、薇閣、希望會、救世軍等育幼院，二林喜樂保育院、台中惠明盲校、屏東勝利之家、台東阿尼色弗小兒痲痺之家及台北樂山教養院。另於一九六九年起，高牧師開辦十所山地學生中心，提供瀕臨失學、家境困難的原住民青年及兒童的學費及住宿。

由於高甘霖牧師不凡的成果，CCF總會於一九七二年委以重任，派他前往東南亞，設立菲律賓及印尼分會。一九七七年世界展望會更借重他的才能與經驗，邀他出任亞洲區副主任，創設了「世界展望會台灣分會」在內的十個展望會分會。

高甘霖牧師心思非常單純，他最喜歡小孩子，辦公室牆上隨時掛著耶穌親近孩童的圖畫。他最喜愛的一段經文就是：「讓小孩子到我這裡來，不要阻止他們，因為上帝國的子民正是像他們這樣的人。」（馬可／馬爾谷福音10:14）

高牧師夫婦於一九八七年退休返美，一九九〇年五月高牧師七十歲生日時，夫婦曾回來台灣，牧師娘在同年八月因癌症病逝美國。一九九五年CCF慶祝四十五週年時，曾頒給高甘霖牧師特殊貢獻獎。二〇〇九年十一月七日，高甘霖牧師在美國安息回天家，享年九十歲。

今天，像高甘霖牧師這樣的全方位福音及社服工作之「開拓者」實在已經很少見了，較多的是「經營者」。而他所創設的教會、醫療、兒福等機構也分別在台灣站穩了腳跟，發揮了相當大的救助和幫助功能。

每當談到有關台灣兒童福利機構和服務，就一定會提起高甘霖牧師的貢獻，特別是從一九六〇年到一九九〇年間從CCF得到幫助，以及從一九七〇年迄今世界展望會資助過的家庭、孩子，都和高甘霖牧師的愛心有密不可分的關係，他確實是個值得我們懷念的宣教師。

17 台中大肚山上的傳奇人物——亨德教授

過去在東海大學讀過書的人一定會知道，每個學生都要上一門被稱為「勞作」的課。在大學四年的時間裡，至少有兩年時間必須上勞作課，而且這門課是必修課，不及格就必須重修。這「勞作」的課程並不是在教室裡上，而是由小組長帶學生去洗刷廁所、教室，清理校園環境，以及去學校餐廳洗碗盤和擦拭桌椅，實在是非常有趣的一門課。這也是過去東海大學一直被許多畢業校友懷念的原因。

一九五八年，東海大學來了一位名叫亨德（Jaames A. Hunter）的教授，「勞作教育」在他的手中大有改變，他將「勞作教育」從校園裡推動到校園外面去，他說這樣正好符合了所謂「教育和環境相配合」的美好理念。

亨德教授是一八九一年出生在美國伊利諾州，成長在一個父母都很敬虔的基督徒家庭。他從小就立志將來要到東方地區投入福音工作，但他所想到的「福音」並不只是停留在教會的禮拜，而是要透過教育的方式來開啟更多人的心智。

一九一三年，他從伊利諾大學畢業後，到中國北京「基督教青年會」（YMCA）工作，同時在北京師範學校擔任英文老師。三年後，亨德教授返回美國去芝加哥讀神學院，並且和師母布爾（Maude Bull）結婚，然後一起再次回到中國，在華北的「公理會」教會牧會。就這樣過了二十四年，這段時間裡，他主要是以教會作為根基，在社區推動農業改造，並且積極推展農業教育工作，這點正好就是他一向持有的理念：學校應該和社區結合，教會應該關心社會的事務。

也因為他有這樣的經歷，在第二次世界大戰後，他被聯合國賦予重任，負責「聯合國救濟總署」的工作，並且擔任中國「農村復興聯合委員會」（後來稱為「農復會」）的主任職務。到了一九四九年，他隨著國民黨政府來到台灣，擔任農復會畜牧生產組長，也因為這樣，才和前總統李登輝有過同事的機會。

他來到台灣後，馬上遇到一件令北部農民極其憂心的事，就是「牛瘟」事件。其實這在日治時代也曾發生過，日本政府用了長達二十五年時間才將疫情控制住，且將之消滅。但沒有想到，因為檢疫工作沒有落實，同樣的事現在又發生了。當時北部牛隻大約有三十萬頭，對農民來說是非常重大的農村動力，萬一這些牛隻因瘟疫而死亡，整個台灣農業將會癱瘓一半力量，甚至有枯萎的可能。

幸好，在亨德教授的用心和努力下，他帶領農復會的同仁即刻在全國實施全面性的牛隻防疫工作，由他親自把關，絕不允許有任何牛隻遺漏或被疏忽檢疫作業，才使得牛瘟事件在最短的時間內控制下來，沒有擴大造成重大傷害。這就是後來政府會在台南新化「畜產試驗所」的大樓入口處掛著一塊匾額，上面寫著「亨德館」的原因，是為了紀念和表揚他對台灣畜牧業的貢獻。

將「工作營」引進大學

一九五八年亨德教授從農復會退休後，並沒有返回美國，而是到東海大學社會系當老師。他帶領學生到鄰近社區去進行「田野調查」，特別是在今天的龍井、大肚兩區的四個村落進行調查，才讓學生發現當地的居民根本就沒有乾淨的水可喝，不但這樣，牛隻、豬隻到處亂闖，造成環境骯髒。

當時大肚山地區有多髒，只要聽聽當時的人會用「把你嫁到大肚山去」這句話來恐嚇女孩子就知道了。為什麼有這句話？原來是當時的大肚山村民生活相當困苦，土地貧瘠，為了要讓土地可以有點肥料，居民會下山去台中市區挑「大肥」，而這些挑上大肚山村落裡的大肥，並沒有立即送到田園去，而是堆放在房舍的角落，可想而知的就是蚊蚋、蒼蠅之多，吃飯一定要掛上蚊帳才可以。

亨德教授帶領學生進行社區田野調查時，這樣告訴學生：「一所大學假如對其所在地的周圍社區和環境毫無影響的話，這所大學便將失去它存在的價值。大家要記住這點：大學的門不是開向象牙之塔，而是直接開向社會的。」

為了教育學生認知這件事，亨德教授先帶領學生完成田野調查，然後和學生討論整個社區最欠缺、最需要的是什麼。討論出來之後，他就進一步帶領學生成立「工作營」（Work Camp），進入社區去做「勞作」。這等於是將東海大學的「勞作」延伸到社區去。

這種「工作營」的理念是從瑞士引進，最早提出這個理念的是一位名叫彼磊（Pierre Seresole）的瑞士人。他在一九二〇年看見第一次世界大戰之後，許多國家的人民死亡，村鎮被摧毀，造成人民生活陷入痛苦和窮困當中。因此，他建立「國際公民組織」，希望用這個組織的活動來平息國家之間的仇恨和悲痛。許多來自不同國家、文化、信仰的青年主動加入，他帶這群青年到各個需要重建的社區去幫助重建的工作，這種工作都是義務性的，被稱為「國際工作營」。

亨德教授透過東海大學社會學系，開始呼召更多學生加入，組成「東海大學學生工作營」，由他帶領這群工作營的同學，到各村莊去築排水溝、清除垃圾、設計豬舍等等，晚間還放電影，教育村民一些衛生常識。我在東海大學進修時（一九七〇學年）就曾加入「學生工作營」，去為社區進行溝渠整理工作，到現在還一直懷念著。

亨德教授將學校的「勞作」帶入社區去進行田野調查時，發現一個很嚴肅的問題，就是社區嚴重缺水問題。他無法瞭解，像台灣這樣夏天如此酷熱、就算在家裡不工作都會流汗的地方，竟然會沒有水可喝、可洗澡，這到底是怎麼一回事？

有一天他在校門口看到數輛牛車到「筏子溪」取水，覺得很奇怪，於是跟隨到山上的「新庄村」，才親眼看到學校鄰近的村落，生活竟然這麼艱苦，環境髒亂，蚊蠅叢生，而困苦的根源就是水源極度匱乏。又有一次他在當地作田野調查時，喝了當地人的茶水，發覺味道苦澀，一問才知是加了明礬所致。以後他又親身體會到枯水期時，村民大排長龍等候取水所花的時間與體力。

在他所有親身體驗中感觸最深的，莫過於有一次他到學校鄰近村落走訪時，口渴想要喝水，那時已經是傍晚，他看見水井邊排隊很長，他也跟著排隊等候取水喝。好不容易他排到了前面，被村長發現了，就主動去跟排在他前面的一位阿婆說，是否可以先讓亨德教授喝一口水？沒有想到那位阿婆開口便是一頓大罵：「我從早上排隊到現在已經有五、六個鐘頭了，家裡的孫子哭著要喝水，怎麼還要我將水給別人喝？這樣有道理嗎？」

可能就是這些經歷，讓亨德教授決定進行一件事：一定要幫助這些村民可以喝到乾淨的水，且是「自來水」，不用再用牛車去山下載運，也不用去排隊取水，更不會喝到不乾淨的水。

讓村民有乾淨的水可喝

於是，亨德教授成立「大肚山頂村落生活改善委員會」，並將這個組織與東海大學的「工作營委員會」相結合。在組織成立的那年，就開始對山頂各村落提供社區服務，並且進行各項與供水系統的相關資料調查。亨德教授帶學生做這些事時，最初當地村民還抱著好奇、懷疑的態度，但日子一久，村民逐漸感受到亨德教授的真誠和用心，這也是後來居民願意出力配合之因。

亨德教授帶領學生經過無數次的勘查和規劃，擬定了一套供水計畫：就是從龍井鄉龍泉村的地下井中抽水，然後用三個大馬達接駁的方式，加壓送水到三百公尺高的大肚山頂，在山頂上建造一座大型儲水槽，再以配送輸水管方式送至各村落的供水站。這樣的供水系統，就是所謂的「簡易自來水」。但所謂「簡易」，要做起來可不是一件簡單的事，因為中央政府根本就不會管這些事，光是經費就是一大困難。

亨德教授請四個村落的村長和村民代表來討論這個供水計畫。在開會中，他這樣跟大家說：「各位！我要退休了，但是在回美國之前，我決定捐出所有退休金，為大家做一件我一生中最有意義的事，就是解決住在山頂的大家飲水的問題。未來不足的錢，就需要靠大家來認捐。」

他乾脆地捐出退休金六十萬元，換成現在的幣值，超過千萬元。他的作為感動了四個村落的居民，他們決議以這樣的方式來籌款：大人每人一百元，牛每隻五十元，有腳踏車的人要另繳三十元，因為當時有腳踏車的人，表示經濟能力比較好。

就這樣，解決了這套「簡易供水系統」的經費問題。於是在亨德教授的帶領下，四個村落的居民與東海學生合作出力，在大肚山西邊山下鑿井，深度八十公尺，口徑二公尺，稱「龍井一號井」，用抽水機打水上山，每日出水量八百公噸，在一九六三年四月完成了「簡易自來水」供水工程。

這在當時是一件非常了不起的事，因為在那個年代，整個大台中地區，除了豐原幾個特殊城市外，能有自來水可喝的市鎮不多，而在過去簡直就是骯髒村落代表的山頂四村落，卻已經有了「簡易自來水」可供村民飲用，不但消除了他們缺水和到山下取水的痛苦，還可以喝到乾淨的水。如今已有上萬居民的東海別墅區，是到一九八三年才有自來水供應，比起大肚山這四個村落的居民足足慢了二十年。

完成這套供水系統之後，亨德教授帶著妻子退休回去美國，沒有任何送別儀式，這四個村落的居民也沒有給他什麼歡送感恩茶會。他們夫婦低調地返回美國，居住在教會所創辦的老人院，安靜地過著晚年生活。一九六六年五月十九日，亨德教授因為心臟病去世，享年七十六歲。

為要紀念亨德教授偉大的貢獻，大肚山四個村落居民在他們的地方建造一座公園，命名為「亨德教授公園」。當地居民說這座公園除了是紀念他，也是感謝他過去對這些村民的愛，並且要讓後代子孫「飲水思源」，永遠記得亨德教授為他們所做這件美好的事。

他們在一九九九年五月一日舉行「亨德教授公園」落成啟用和感恩晚會。當時也邀請了亨德後代來到台灣參加啟用儀式，至此亨德教授的子孫才知道他將退休金全部奉獻給了大肚山居民，沒有為自己留下積蓄。另外，在「四箴國中」教數學的林松範老師，也將亨德教授的美好見證編成鄉土教材，不僅在學校，也在社區持續傳遞這個感人的事蹟，並且成立「大肚山亨德教授發展推進會」，也在當年用來蓄存雨水的南寮社區活動中心附近的水坑附近興建「紀念碑」以示感念。

我們要留下什麼給後代的子孫懷念？這是一件很值得我們學習的生命功課。

＊本文資料來源：報導文學獎得主李秋蜜女士。

18

為新竹孩子建立愛的樂園——葉由根神父

葉由根神父（Rev. Fr. Istvan Jaschko, S.J）是在一九一一年八月十八日出生於匈牙利的高溪樹城（Kosice，現為捷克境內），是一個重工業城市。他的父母都是非常敬虔的天主教徒，原本一家人生活得不錯，但第一次世界大戰爆發後，父親的生意無法持續，生活因而陷入困境，有段時間甚至是靠著母親向軍隊乞討來養活一家人。

葉神父說：「我的母親真的很偉大。在那段日子裡，母親的溫柔慈愛一往如昔，並沒有因為家庭經濟相當拮据，就減少對孩子的愛。」因為小時候經歷過這種有一餐沒一餐的生活，葉神父對貧困民眾的關懷，就展現出一種特殊的「愛的力量」。

虔誠的信仰生活對孩子的成長是非常有幫助的。葉神父十六歲時就加入了天主教「耶穌會」，期許有一天能到最需要他的地方，投入醫療服務的工作。因此，他進入德國「慕尼黑大學醫學院」學習，在一九三六年獲得醫師的證照後，被差派到中國的河北省，先進入修院學習神學，並在一九四〇年晉鐸為神父。在中國教他華語的老師為他取名「葉由根」，意思是「由此地生根」，他非常喜歡這名字，心想或許可以從此落地在中國。然而，和許多宣教士的遭遇一樣，在共產黨統治中國之後，葉由根神父也被強制出境，在一九五五年從香港轉來台灣。

他被派到嘉義縣的東石鄉傳福音。到了當地沒多久，他就發現東石和鄰近村鎮都非常貧窮，生活物資也相當缺乏。於是他就與另一位同樣來自匈牙利、也曾在中國教區服務的晁金明修士合作，開設一間「貧民診所」。葉神父知道當地人民生活都很困苦，所以「貧民診所」採完全免費的方式。每天診所門前都有上百民眾排隊等候就醫，但只有他一個醫生，而晁修士協助藥局的工作。

不過有件事很少人知道，就是「貧民醫院」的名稱曾經出過問題。當時國民黨政府無法接受「貧民醫院」這個名稱，理由是：「中華民國哪有貧民？」於是葉神父就把名稱改為「平民醫院」，意思是為一般平民服務的醫院。誰知國民黨政府還是不滿，因為「平民」和「貧民」發音相同，還是要他改名。最後才改為「聖家醫院」。

除了創設醫院、為人們看診，葉神父看見每次到了農忙期間，許多父母背著幼兒去田裡，將幼兒放在田埂邊就忙著收割或播種，或是乾脆把孩子放在家裡讓小孩亂跑。葉神父看了於心不忍，就在東石和鹿草天主堂辦托兒所，替這些家庭照顧小孩，也提供午餐和點心。他還會去借用破舊的廟寺當教室，教孩子念書，遇到下雨天，就爬上破廟的屋頂蓋稻草遮雨。有些年紀大一點的小孩會背弟妹來托兒所，對這些更小的孩子或是嬰兒，葉神父一律免費給予照顧。

一九六一年，葉神父和他同樣在傳福音的弟弟葉步磊神父，以及美國「耶穌聖心修女會」的大葉修女（Hermine）合力在國內外各地募款、募藥品，然後和晁修士在鹿草另外開辦了一家「聖家醫院」。為了讓貧困人家不會因為沒有錢而不敢來看病，他還特地去買小豬送給貧民家庭，告訴這些家庭把小豬養大後拿去賣，賣掉後再還他小豬的錢。這樣他們當下就有錢可以看病，也不會有「因為沒錢看病而尊嚴受損」的問題。

其實，他並不是想要拿回小豬的錢，而是希望用這種方式幫助貧困家庭脫困。但他沒有想到，這些貧困人家賣了小豬之後，竟然真的把小豬的錢帶回來還給他，讓他非常感動，說：「台灣人是很有情、很有義，也很有誠信的人。」

因為病人越來越多，葉神父也有無法承擔的時候，因此，他從匈牙利請來一位很有經驗的心臟內科醫師，很多病人就遠從高雄、台南來看病。前任台北耕莘醫院院長陸幼琴修女也曾接受葉神父的邀請，在鹿草聖家醫院主持外科醫療工作。直到一九七〇年，台灣經濟開始好轉，醫療環境也有很多改善，來醫院就診的人數才逐漸減少。此時，葉神父認為設在東石和鹿草的「聖家醫院」的使命已完成，就將醫院關閉。

讓這些孩子有個家

葉由根神父的心中總是有一個想法：社會上最弱勢的人，才是基督教會的使命和責任。曾在鹿草聖家醫院協助葉神父的陸幼琴修女，這樣描述葉神父：「在鹿草鄉曾有一名被子女棄養的老人，背駝了、眼睛也瞎了，葉神父便將他帶到鹿草天主堂來，讓出一個房間給他住，每天為他送三餐、帶他散步，悉心奉養如自己的父母；數十年如一日，直到這老人過世。不只如此，在東石鄉，葉神父還曾幫助過一名女孩去念護校，家人深受感動，全家都受洗成了教徒。」

一九七四年，耶穌會差派他到新竹教區服務。他在教區中看見有幾個智能障礙的兒童，因為父母外出工作而無人看顧，有的甚至是流落街頭。這時他心中一個動念：

我要為這樣的孩子蓋一間收容中心，讓這些孩子有個溫暖的家。

那時他手上並沒有什麼經費，但他總是堅信一個理念：「只要有愛心，且願意去做，即使只有一塊錢，也可以做出美好的事。」於是在一九七五年，他在新竹關西的水源街創辦了「天主教仁愛啟智中心」，那時他身上只有一百美元而已。他說：「我只有一個想法，就是要讓這些孩子有個家，就這麼簡單。」

「仁愛啟智中心」剛創辦時，很難找到「特教」這方面的工作者，更現實的問題是，即使找到，也沒有經費可以聘請。這時候，他就自己做。當時中心收容了十多名智能障礙孩童，葉神父親自一口口地餵他們吃飯，一面餵，一面跟這些孩子說話，講聖經的故事。這一餵，竟然餵了三年之久。後來，有好幾位天主教的教友主動來參與，也有護理人員主動加入他們的行列。

葉由根神父回想是什麼引發自己投入愛與心力，來關心智能障礙者的教養及收容工作，他說：「這都要感謝一位流浪街頭，連父母都不願照顧的智障兒。」葉神父將這名孩童帶回安置後，就決心創辦一所啟智教育機構。這也說明了一個有豐富愛心的傳道者，他看見的不會只有自己的教會，而是看到教會所在的社會狀況，並且做出適當的回應，而葉神父所做的就是一個典範。

葉由根神父在新竹創辦「仁愛啟智中心」迄今，收容了將近二百多名智能障礙孩童。在那裡，唯一的功課就是「愛、生活、學習」。葉神父帶領學員和家長學習如何過著有尊嚴、有品質的生活，也因此獲得「啟智勇者」的美譽。因為招收的孩子越來越多，原有的地方已經無法容納，後來就搬遷到慈祥路，並且更名為「晨曦發展中心」。

有一天，葉由根神父看見新聞媒體連續報導了幾則悲劇：有些智障兒的父母，因為擔心自己身故之後，孩子無人照顧，便採取極為決絕的手段，親手殺死孩子之後再自殺。葉神父看到這樣的消息，內心非常難過，也深深地觸動了他的心靈。他開始有一個構想：「我應該來為這些孩子創辦一個終身教養的自然家園。」這就是葉神父後來創辦「華光智能發展中心」的由來。

一九八三年，他先利用「關西天主堂」的舊址成立「華光智能發展中心」，請來曾在東石「貧民醫院」替他翻譯的護士吳富美小姐來當他的助手。剛開始發展中心只有三個工作者，收容六個智障兒，而這時候的葉神父已經七十二歲了，但他始終在發揮上帝賜給他生命中最珍貴的禮物——愛。

他看見這幾個孩子時，眼前出現一個非常美麗的異象：要為這些孩子建立一座屬於他們的「樂園」。另一方面，他也和少數參與這項照顧工作的同仁互相勉勵，告訴他們：「只有當我們將這些孩子身上的天賦給發掘出來，使他們和一般人一樣過正常生活時，社會大眾才會相信我們所做的事是對的。」

生命的美，就是愛

葉由根神父每天寫信給他的差會，也給他在加拿大的神父弟弟、在美國的修女妹妹，和他所有認識的親友和教會寫信，讓他們知道他準備開設一個智能障礙孩子的樂園。經過六年的努力，支援陸續進來，葉神父在新竹縣的新埔鎮買下大約六甲的土地（期間還靠著借貸和別人幫忙才付清所有貸款），想要在此處建立「福利山莊」，不但要讓這些孩子有個美麗的園地，也要讓孩子的父母在看見這溫馨的家園時，感受到生命的美，就是愛。

葉神父要建立樂園的想法，很多人都相當懷疑其可能性，因為單單人事費用和硬體設備就是極大的負擔。也有人質疑他收容這些孩子之後，要怎樣教育？這時候葉神父說：「我們要深信每個人都是可以教育的，只要我們學習如何教育他們。」葉神父又說：「要相信天主，因為每個孩子都是天主的寶貝。」

為了全力推動「華光智能發展中心」，葉神父將他牧養的天主堂交給另一位神父負責，他幾乎所有時間都在發展中心，並且招收更多智能有障礙的孩子進來。漸漸地，發展中心的孩子越來越多。為了發展中心所需要的龐大經費，葉神父除了寫信給親朋好友募款外，自己身上所有的一切幾乎都捐了出來，自己過著非常節儉的生活。

一直跟在葉神父身邊的助理吳富美小姐說：「葉神父自奉甚儉，口袋裡沒有餘錢，但他一向相信；只要有心，就算是一塊錢也能做善事。因此，即使華光經費有限，他仍堅持給孩子最好的教育、最妥適的住宿環境，給老師合理的薪資，讓他們無後顧之憂，全心為孩子投注心力。」可是很少人注意到，葉神父已經將身上所有的財物都奉獻出來了。陸幼琴修女說：「有一次葉神父要回匈牙利的耶穌會去述職，我幫葉神父整理行李時，才發現他的衣物都已經破舊不堪，我看不下去，找幾個人買了衣服送給他，讓他穿回故鄉匈牙利。」

在葉神父的努力下，「華光智能發展中心」人數越來越多，目前已經超過兩百個孩子，其中有三分之二是成年人（他們的智力大約在七歲以下）。葉神父聘請特殊教育專家，就為了讓這些孩子都能接受教育、學得一技之長。發展中心的老師有一百名，幾乎是每兩個學員就有一名特教老師或工作者，教導他們怎樣自理生活，甚至是培養簡易的工作能力。

最值得欣慰的是有些程度較好的學員，在中心的教導下，現在已經可以外出工作，賺錢養活自己。雖然接受這些訓練並不代表他們真的能夠進入職場，但葉神父認為只要孩子們在訓練過程中得到滿足，這樣就夠了。很令人感動的，是新竹地區有幾家大公司知道葉神父的用心，會特地聘用發展中心的學員去做他們能力可及的工作，用這種方式來肯定葉神父的愛心和努力。

在台灣「落地生根」

在台灣尚未解嚴、民主運動仍被視為禁忌的一九八〇年代，為了替這些智能障礙孩子爭取更多福利，葉由根神父曾以外籍神父身分，帶領五百多名智障兒及家長，到立法院陳情，希望政府重視智障兒生存權及教育權，給智障兒家庭更多的協助。

葉神父的請求也確實獲得了政府的善意回應。如今台灣社會已有了很大的改變，全國各地都有啟智中心一個個成立，智障兒從此不再會被父母關在家裡，只能癡傻地度過一個個絕望的明天。葉神父說，這是他從開始推動這項工作以來最大的收穫，也是最值得欣慰的事。

因為不忍心看到學員成年後無處可去，「華光啟智發展中心」讓許多已經是成人的學員也繼續留下來，目前單是二十歲以上的成年學員就占了三分之二。也許我們會這樣問：怎麼會有一家多口全住在發展中心呢？但這種收容全家的案例並不少見，發展中心最高紀錄還曾收容一家六口，而這些家庭背後滿是一個個悲酸的故事。

二〇〇一年，當大家慶祝葉神父九十歲生日時，葉神父許下了一個心願，就是要盡快為發展中心的孩子，興建一座兼具醫療、教養、就業、生活功能的「華光福利山莊」，好讓智能障礙的孩子也能過著像常人一樣有尊嚴的日子。他說這個山莊是這些孩子「永遠的家」。為了實踐這個夢想，九十歲高齡的葉神父依舊沒有停止工作，繼續在打字機前面不停地寫信給他所能觸及的對象，說他的夢想、說他的期盼。他在關西找好一片土地，而他所夢想的「華光福利山莊」終於在他去世後兩年，也就是二〇一一年八月落成啟用。

有人曾問他：「想回故鄉匈牙利嗎？」

他說：「不走了，就在這裡了。」

因此有人說他是「來自匈牙利的台灣人」，人如其名的葉由根神父，早就在台灣「落地生根」了。

二〇〇九年三月九日，葉神父因肺炎到新店耕莘醫院治療，住院期間，他和醫院簽了同意書，把身體捐給輔仁大學醫學院作為學生上解剖學之用。他在三月十六日自行出院，十七日在他的宿舍中安息回天家，享年九十八歲。

在有些人眼中低能、無知的智能障礙孩子，看在葉神父眼裡，只有無盡的憐惜，他說：「他們都是無罪的，都不應該被放棄。」

就如同聖經所說「愛是永恆的」（哥林多／格林多前書13:8），沒錯，葉由根神父雖然已經離開我們，但我們還是記得他常說的這句話：「人愈少想到自己，就愈快樂。」他是這麼一個「用生命疼愛台灣」的外國宣教師，我們台灣人不能忘記他留給我們的生命之愛。

19 深受坪林鄉民愛戴的護理阿姨——蔡巧護理師

說起蔡巧女士，可說是日本統治台灣時代很值得學習的一位護理工作者。她出身鹿港，父親做木桶工作維生，家庭經濟小康。在父親的眼中，女孩子並不需要讀書，將來嫁人就好。因此，她直到九歲時，都還在家裡分擔母親的家務事。

有一天，鹿港教會的林照牧師去家庭探訪，告訴蔡巧女士的父親，不可以不讓孩子讀書，然後就直接找蔡巧女士來，當面要她父親讓她去學校上學。蔡巧女士只回答一句話：「我父親要我做什麼，我就做什麼。」

當時的牧師講話很有權威，信徒會怕牧師。因此，蔡巧女士的父親就真的帶孩子到學校去，拜託老師收留她。她父親的想法很簡單，只要老師拒絕，或是老師收下她、但她卻讀不來，那他就有理由回絕林照牧師的話。於是，老師要蔡巧女士坐在教室最後面，而她個子很矮小，坐在後面往往看不見前面的黑板。但誰也沒有想到，蔡巧女士就這樣讀出了好成績，讓老師刮目相看，新學期就換到前面坐。

公小學畢業後，蔡巧女士又在林照牧師的鼓勵下，繼續讀高等科，等到畢業，已經十五歲了。她父親第一件想到的事，就是把她嫁出去。但林照牧師知道蔡巧女士很用功，學業成績很好，做起家務事又很靈巧，於是就跟她父親說，要帶她去彰化基督教醫院找工作。她父親原本的想法是女孩子早點嫁人比較實在，但聽到林照牧師說要帶她去醫院找工作，就認為這樣也不錯，至少可以替家裡賺些錢。

就這樣，林照牧師帶著蔡巧女士到彰化基督教醫院找院長老蘭醫師（就是前面提過的蘭大衛醫師，也就是「切膚之愛」的名醫）。老蘭醫師問蔡巧女士會做什麼事，她的答覆真是有趣：「你叫我做什麼，我就做什麼。」於是老蘭醫師就派給她清潔辦公室的工作，並且每天要隨著老蘭醫師去看病人。

老蘭醫師是個外科專家，病人很多，每天需要換藥的病人也很多，蔡巧女士看了一個禮拜後，就知道怎樣換藥了，也學會了拆線等簡單的護理工作。那時台灣沒有護理教科書，這些外籍醫師都是自己畫圖，向跟班的護理人員、學習中的醫師講解人體結構。很奇妙的是，可能是看自己父親在做木桶時也會先畫圖，蔡巧女士畫起人體結構圖比其他人都來得準確且細膩。

蔡巧女士雙手靈巧，態度認真，動作又快，這樣一做就做了四個年頭。她父親認為此時應該是她出嫁的時候了，卻沒有想到老蘭醫師覺得應該好好栽培她，讓她成為一個有能力且可以獨當一面的護理人員。因此，老蘭醫師就跟蔡巧女士說，要將她送到台北馬偕醫院受訓。他問蔡巧女士的意見，蔡巧女士又是簡單的同一句話：「你叫做什麼，我就做什麼。」

那時，台灣基督長老教會有三所醫院，最早是台南的新樓醫院，後來是馬偕醫院以及彰化基督教醫院。因為日本政府並沒有在台灣設立護理學校，所以這三所醫院就聯合設立護理學校，培養護理人才。蔡巧女士帶著老蘭醫師的信來到台北馬偕醫院，找到護理班的校長，就這樣開始了護理科班的學業。

就像她在公學校讀書一樣，她的成績相當優秀。三年畢業後，班主任問蔡巧女士是否願意多留一年，學習助產士的課程。蔡巧女士也是這樣回應她的班主任：「你叫我做什麼，我就做什麼。」果真多留一年時間，她的成績相當優秀，學校送給她的畢業禮物是一把日本製的剪刀和一團棉線，這些都是當時助產士想買都很難買到的珍貴禮物，因為以前的助產士通常是用麻線，棉線可說是相當高級的醫療用品。

因照顧病人而結緣

就在蔡巧女士畢業時，真的是巧啊，日本政府的厚生省（也就是我們的衛生署）來台灣舉辦醫護人員特考。那時台灣醫師很少，醫學院培養出來的醫師不夠用，因此有舉辦「限地醫」（限地開業醫師）的考試，也有護理人員和助產士的考試。班主任鼓勵學生要把握機會去參加考試，通過了就可以從日本政府那裡拿到證照。蔡巧女士則是兩樣都通過了，當她拿到護理師、助產士兩張證照時，日本官員還以為是叫錯了名字，後來確定果然是她沒錯。蔡巧女士拿到兩張證照時，只說了一句話：「感謝上帝的賜福。」然後搭火車回彰化。

因為受訓成績好，又有證照，老蘭醫師馬上派蔡巧女士當開刀房的護理長。她確實是不負使命，在每次手術中，不但自己以身作則，也帶領一群新進的護理人員，認真地訓練她們。老蘭醫師很欣慰彰化基督教醫院有這樣傑出的護理人員。

有一天，有人送來一個騎摩托車摔傷、腿部嚴重骨折的年輕人，那時，有摩托車可騎，表示家庭經濟生活很好。經過手術後，老蘭醫師就指定蔡巧女士來好好照顧這個年輕人。

每天換藥，或是定時去查房巡視病人時，蔡巧女士都發現這個年輕人拿著一台既大又笨重的照相機對著她猛拍。她並不以為意，只是專心地給病人換藥，檢查縫合的傷口的恢復情形，陪著這年輕病人下床走路等等。但這病人顯然專注的都是拍照，拍院外的人、樹上的鳥，或天空和雲彩，當然，拍蔡巧女士的鏡頭總是最多，讓蔡巧女士感到有點不舒服。

很快地，在蔡巧女士細心的照顧下，這年輕人復原得非常好，出院了。他出院後，蔡巧女士幾乎每禮拜都會收到從日本東京的獸醫專科學校寄來的信件，信件裡面附有相片，原來就是這個受傷年輕人替她拍的。她沒有當作一回事，就是將相片收起來放著。

時間很快過去。兩年後的某一天，蔡巧女士的父親從鹿港來到彰化基督教醫院找女兒，一見面就跟她說：「巧啊，你去跟院長說，你要結婚了。」蔡巧女士嚇一跳，她連對方都沒有看過，這次總不能跟父親說「你叫我做什麼，我就做什麼」吧。

但是父親跟她說，一定要出嫁，因為他已經將聘金收下來了。於是她向老蘭醫師說明父親來找她的事，也請假回去看看男方是誰、是做什麼的。她一回到鹿港，嚇了一跳，原來男方就是那個車禍腿骨折的年輕人，姓陳，台北坪林人。當年陳先生就讀東京獸醫專科學校，暑假回來做台中州（就是現今的台中市、彰化縣、南投縣）的畜牧調查研究，如今已經畢業、也找到工作了，就在台中州當獸醫。

他跟蔡巧女士說，因為知道她喜歡護理工作，所以特意找了台中州政府的工作，結婚後，蔡巧女士可以繼續在彰化基督教醫院工作。就這樣，他們結婚了。

始終堅持不拿費用

婚後第六年，陳先生因為急性盲腸炎而去世，留下兩個稚齡的女兒。蔡巧女士二話不說，帶著兩個女兒回台北坪林的婆家。公公婆婆非常疼愛這兩個孫女，也由於有公婆協助看顧女兒，蔡巧女士可以去鄉公所找到一個謄寫戶籍的工作。因為她有讀書，且是護理科班畢業，做起謄寫工作很順手。

有一次，台灣發生水痘大流行，日本政府運來許多針藥，要求鄉區公所要對所有小孩打針。坪林鄉公所去領了藥回來，但就這樣擺著，連動也沒有動。蔡巧女士問鄉長：「怎麼不施打呢？」鄉長的回答是：「沒有人會打針。」蔡巧女士說：「我會。」整個辦公室的人都笑出來，以為她在開玩笑。她說她是醫院護理長出身的，大家又笑了，甚至有人認為她可能是因為丈夫去世，腦袋出了問題。

於是蔡巧女士回去拿證照給大家看，並且拿起藥品自己先打了一針。這一打，不得了，整個鄉公所的人都動了起來，鄉長派人去各個村落，呼籲大家把小孩帶來鄉公所打針。就這樣，蔡巧女士替所有坪林鄉的小孩打完水痘預防針。

就在民眾帶著小孩排隊打針的時候，有個人一邊排隊，嘴裡喃喃自語：「糟糕，我妻子這幾天快要臨盆了，不知道要找誰來接生？」蔡巧女士一聽到，就說：「來找我，沒有問題。」大家又是一陣驚訝，她會打針已經很不簡單了，怎麼還會接生？她再次回去拿助產士的證照給大家看。於是事情傳開，整個坪林鄉的人都口耳相傳，誰要生孩子，就來找蔡巧女士。

但蔡巧女士很堅持，她不會利用上班時間去接生，只有下班之後才會去。因為上班是她的正職工作，她也不想辭去。於是很有趣，坪林人開始出現一個「胎教運動」，懷孕的婦女都會跟肚腹中的胎兒說：「孩子乖乖，蔡巧阿姨要晚上才有空來把你接出來。」

不論是什麼天氣，只要是下班的時候，有人來叫她幫忙接生，她就馬上騎著腳踏車去幫忙。但她始終堅持一件事：不拿任何費用。因為她說：「我所有的才能，都是宣教師教我的。他們都沒有拿我一毛錢，我也不會拿你們的錢。」這很像耶穌對門徒所說的一句話：「你們白白地得，也要白白地給。」（馬太／瑪竇福音 10:9）因為這樣，坪林鄉的人都會在產婦坐月子時，多養兩三隻雞送給蔡巧女士，也有人會買豬肝、豬肉、魚等當作謝禮送給蔡巧女士。

蔡巧女士越來越受到坪林鄉民的熱愛。只要是下班時間，她從來沒有拒絕任何人的求援請求。就這樣，她一直替鄉民接生到快八十歲時才退休。

幫助人，不求任何代價，只因為蔡巧女士說自己所有的一切，都是宣教師白白送給她的，她也應該白白送給任何需要的人。結果她贏得了坪林鄉民的尊重和懷念。我想起聖經有一句使徒保羅（保祿）對以弗所教會長老所說的話：「我在各種事上給你們留下榜樣，告訴你們應該這樣勤勞工作來幫助軟弱的人。要記得主耶穌親自說過的話：『施比受更為有福。』」（使徒行傳／宗徒大事錄 20:35）

這種愛，就是一種分享的愛，而一個人會受到他人敬重，是因為他展現在生命中的愛，而不是因為他累積了多少財富。

20 給大家發紅包的外國天使——丁德貞修女

我曾講述過戴仁壽醫師的故事，他募款購買「樂生療養院」的土地，後來被日本政府徵收去當作收容痲瘋病人的地方。在這個過程中，有兩個很重要的人出力幫忙，其一就是芥菜種會的創辦人孫理蓮女士，特別是在一九四九年那年，樂生療養院幾乎每天都有院民絕望自殺的事件，甚至發生「暴動」，後來是因為孫理蓮女士的安撫，院民們才平靜下來。

而另外一位幫助很大的人，就是創辦屏東基督教醫院的挪威宣教師畢嘉士醫師。更正確地說，幫助樂生療養院的人還有好幾位，包括輔仁大學的谷寒松神父等一群人。本篇要介紹的，就是每個關心或去過樂生療養院的人應該都聽過的名字，也就是院民口中的「丁修女」——丁德貞修女（Sister Elviva Valentin Martin）。

丁德貞修女是在一九二二年出生於西班牙，十八歲就進入修會，二十歲許下「終生願」，然後受差派到中國的安徽省安績縣一所天主教的孤兒院服務。有趣的是，通常修女在孤兒院工作時，都會被孤兒們稱為「姆姆」，但丁修女卻被稱為「大姊姊」，這是非常特別的。而原因沒有別的，就是因為她太年輕，孤兒們認為叫她「姆姆」會太老。丁修女那一口流利的華語就是在那時候學來的。

到了一九五一年，所有外國宣教師都因為共產黨的驅逐而必須離開。丁修女想到孤兒院的孩童將會失去依靠，原本不想離開。後來是因為信徒們都知道她愛孤兒院的孤兒如同愛自己的孩子，信徒們便做了一件很令人感動的事：大家認養了孤兒院裡所有的孩子。當每個孤兒都被領養回去之後，丁修女才在信徒的苦勸之下，離開中國回西班牙。

一九五三年，丁德貞修女被西班牙差會派來台灣。初來台灣時，她是在竹東地區開始傳福音的工作，只一年的時間，她在一九五四年被調派到位於台北青田街「耶穌孝女會」的修院服務，工作就是我們一般看見最普通的工作：看守門房、接電話、打掃清潔的工作……等等。

每天做完這些固定的工作，下午過後，她就會跟著其他修女去探訪鄰近窮困的家庭。這樣的探訪不曾間斷過，而且只要看見訪視的家庭有生活物品的欠缺，丁德貞修女一定會很快設法送過去。她的貼心與愛心，溫暖了許多窮困的人家。

有愛，就不辛苦！

原本「耶穌孝女會」是專注投入教育工作，和醫療工作無關，但丁修女聽到了關於樂生療養院的故事之後，就在一九六二年開始到「樂生療養院」為痲瘋病人服務。

由於痲瘋病患的四肢皮膚常有壞死、潰爛的情況，病患的日常生活時常需要他人協助；丁修女每禮拜至少兩天到樂生幫忙病患洗澡、擦背。有時，病患傷口發出陣陣難聞的氣味，令人忍不住掩鼻而逃；但丁修女怕傷了病患的心，連口罩、手套都不戴，而她徒手為病患們擦拭身體時，總不忘與他們閒話家常、說笑話解悶，還為他們準備乾淨的衣裳。

洗完澡，換上衣服，丁修女總不忘鼓勵病患：「好漂亮呀！」也因為這樣，樂生療養院的院民都會說：「能讓丁修女來替我們洗澡，是生命中最大的快樂和福氣！」由此可以看出，丁德貞修女在院民心目中那種無法取代的「愛」的形象。

就這樣，從一九六二年開始，直到年老八十歲時，丁修女都沒有停止過她和上帝的約定，固定每禮拜至少有兩次去樂生療養院，為痛苦的病人洗澡。

有人很難理解，她都已經八十歲了，還是照樣去替樂生療養院的院民洗澡，為什麼能這樣堅持而不停止，也沒有任何改變？已經年邁的丁修女用很堅定的語氣回答說：「有愛，就不辛苦！」她說，從孩提時代她就很清楚自己此生的使命，她的媽媽常不瞭解：為什麼出門時乾乾淨淨的孩子，回家時總是搞得滿身塵土？原來，她是跑去幫窮苦人家拾穗和挑揀可以吃的廢棄蔬菜去了！她說，在為別人做這些事時，她可以感受到自己的專注和滿心歡喜。

丁德貞修女士固定每週三、日都會去為院民洗澡、做清潔的工作，一直是風雨無阻，因此，即使有些院民是雙眼幾近全盲，或完全看不見，但只要丁修女一走進來，他們都能很快分辨出來，還會和丁修女撒嬌。他們這樣告訴訪客：「丁修女在的時候，從空氣都聞得出快樂的味道！」

有件很暖心的事，就是丁德貞修女很清楚台灣人過農曆年的習俗，因此，每當農曆年來到，丁修女會特地到樂生療養院去發紅包給大家，也因為這樣，院民們都會高興得像小孩子一般，直嚷著：「外國天使也會發紅包喔！」而在聖誕節的時候，她會特地為院民加菜。其實，在樂生療養院的院民心中，認為丁德貞修女是一百分的「天使」。他們認為，若不是上帝和她同在，不可能有人會這麼長久且固定地為他們這種人見人怕的痲瘋病人洗澡。

每當丁德貞修女前去探望，痲瘋病人也常會向她哭訴心中的悲苦和不平。這種時候，丁修女會抱著他們，拍拍他們的背，並且安慰他們說：「別忘了：有人比我們更不幸，而不管遭遇到什麼事，不要忘記，天主愛你！」對這些被社會遺忘的痲瘋病人來說，丁修女的臂彎就像是他們的天堂一般，讓他們覺得安穩。丁修女更像是沒有翅膀的天使，有不少院民就是經由她而體驗到上帝的愛。

院民們的請願

從日本統治時代，就一直有痲瘋病人從台灣各地被強制轉送到樂生療養院，與外界隔離開來，一生的日子就在樂生療養院中度過。有些院民因此凋謝死亡，更多人是被家人遺忘，甚至是被徹底遺棄。這些人在走到生命盡頭時，常會更感孤單，但他們總是這樣安慰自己：「丁修女就是我們生命中最親密的親人、摯友。」

每當遇到有院民即將臨終，丁修女都會特地趕去安慰、禱告，和祝福。因為和這些痲瘋病人相處甚久，也會有很深的感情。因此，每當為臨終病人祝福之後，她心中也會非常不捨、難過。但她知道，脫離這痲瘋病肉體的羈絆，這些人才能重獲自由。因為這樣，她總是鼓勵院民：「讓我們含笑告別吧！」

二〇〇二年，也就是丁德貞修女八十歲生日的時候，樂生療養院的院民們為丁修女慶祝八十大壽。當大家唱完生日快樂歌、吹完蠟燭後，院民突然說要向丁修女「請願」，他們說不忍心再讓體力漸衰、已經八十高齡的丁修女再為他們洗澡了，所以他們要從丁修女這項奉獻裡「畢業」了，但是不准她「退休」，他們要丁修女還是得定期來樂生報到，而且一週兩天都不能少！院民們的這份心意，讓丁修女和在場慶生的所有人都感動不已。

二〇〇五年，樂生療養院特意用「樂生大團體」名義，推薦非醫療背景出身、但比醫療在他們身上發揮更好療效的丁修女角逐「醫療奉獻獎」。而行政院衛生署（即現今的「衛福部」）也是第一次接受這種非醫療工作者，表示給予高度肯定，頒發「醫療奉獻獎」給丁德貞修女。當時她一再謙讓，說自己「很不配」、「我不是醫生，也不是護士，我是修女」，但大家用盡各種理由，終於說服她接受，於是她在領獎時說了這樣的話：「我真的很愛他們，我也知道他們愛我！」

一直到二〇〇七年，也就是丁修女八十五歲時，因為罹患帕金森氏症，緊繃而無法彎曲的肌肉慢慢地迫使她無法伸直身軀，也因為動作明顯遲緩，逼得她不能再去樂生療養院。

其實，丁德貞修女還有一件甚少被媒體提起的事，就是在一九六五年，當「耶穌孝女會」的修院房舍改建成大樓後，開放給台大、師大、淡江等大學的女學生住宿，一直到二〇〇〇年這段長達三十五年的時間裡，丁修女都負責該大樓的管理事務，也因為她喜歡和學生相處，成為這些住宿女學生們最信任的「監護人」。她有一雙靈巧的雙手，經常親自做衣服送給女學生當作生日禮物，學生們要去約會時，更喜愛找她作為諮詢對象，若是感情出狀況，也都會去找她。因此，有學生說：「丁修女比較像我們的媽媽。」

丁德貞修女的愛，綿長而細緻，滋潤了每個受到她幫助的人的心靈，這樣的美好榜樣也會永遠留在大家心中。

21 台灣第一位防疫先鋒——陳翠玉教授

陳翠玉女士在一九一七年二月九日出生於彰化縣和美鎮。父母都是很虔誠的基督徒，很可惜的是在她七歲時，父親就去世了。他的叔叔在廈門是個醫生，非常照顧哥哥的家庭，因此陳翠玉女士和她的兄弟姊妹都能接受良好的教育。

為了感謝叔叔的幫助，陳翠玉女士的三個哥哥和一位姊姊，每當寒暑假時，都會到廈門去找叔叔，幫叔叔的醫院做些打雜的工作。陳翠玉女士也一樣，她在彰化女中畢業後，就前往廈門。但當她到廈門時，發現街上非常髒亂，到處都堆著沒有清理的垃圾，環境衛生之差，使她無法想像怎麼會有這樣的城市。就在那時，她許下一個重要的心願：要去讀公共衛生，好在將來有一天能投入公共衛生的工作，讓所有的人都能有個乾淨舒適的環境過生活。

她從廈門回來後，就去拜訪彰化基督教醫院創院院長老蘭醫生，向他說明了自己的心願。老蘭醫師聽了很感動，主動寫一封推薦信，要她帶去日本東京「聖路加女子專門學校」給校長看，讓她進入該校攻讀公共衛生護理的課程。

母親在得知她的心願後，給予極大的鼓勵，還讓她不用擔心學費和生活費用的問題。於是，她成為第一個到該校讀書的台灣學生，讀書期間，功課非常優秀，也因此引起日本老師的注目和同學的敬佩。

她在一九四一年畢業，日本東京「京橋保健館」（如同台灣的衛生局）馬上聘用她當該館的專任講師，但她只服務一年就決定辭職，表示要返回台灣服務，館長和日本醫界、政府官員都一再挽留她，但她清楚表明自己會來日本讀書，是為了學習公共衛生的知識，回鄉服務自己的同胞，並不是為了更好的工作和待遇。

一九四二年，陳翠玉女士回台灣後，在總督府工作擔任技正，同時兼任「台北保健館」指導員，以及在「台北醫院」（今天的「中興醫院」）就職。她擔任指導員時，用三年時間創辦了台灣最早的「公共衛生護士養成所」，也因為當時太平洋戰爭已經開打，她開辦「戰地護士訓練班」（Army Nurse），就像台灣版的南丁格爾，帶領護理人員進入戰場救助傷兵。

當美軍空襲台灣時，陳翠玉女士隨即號召全體中學生組成「青年團」和「救護隊」，到各地救護被軍機炸傷的災民，同時派學生工作隊維護災區秩序。她指派自己培養出來的「公共衛生護士」分駐各地、組訓中學生，除了學習救災和急救技能外，也培養青年學生有強烈的責任感。

一九四五年八月十五日日本宣布戰敗，台灣到處呈現一種「無政府狀態」。因為戰爭剛結束，加上國民黨軍隊紛紛派來台灣，一片混亂之下，隔年爆發了嚴重的霍亂疫情，過沒多久，連天花和鼠疫等傳染病也接連爆發。

為此，陳翠玉女士馬上成立了「山地醫療巡迴隊和衛生所」，並且找「聯合國救濟總署」的醫務組人員協助，將她一手訓練出來的公共衛生護士派到台灣各地，更重要的是設立「隔離營區」，全力防止疫情的擴散，才慢慢地將霍亂、天花和鼠疫等疫情壓制下來，死亡率也從原先的百分之八十降低到百分之二十九。最後，在她用心的指揮和帶領下，好不容易才將這些傳染病完全撲滅。

後來，她在世界衛生組織（WHO）的贊助下，在台灣舉辦有史以來第一次「國際護理研討會」。因她的用心準備與籌劃，深獲WHO高級官員的賞識，這也是她後來得以受聘在WHO當顧問的重要原因。

這件事也說明了一個重要的認知：只要認真、誠實地工作，一定會有人賞識，而且很可能為自己帶來更好的機會。這應該可以給今天年輕人一個學習的榜樣。

兩次遭人誣陷

疫情結束兩年後，也就是一九四七年，發生了「二二八慘案」。那時，陳翠玉女士曾經設法將一些官員庇護起來，每天都提供伙食給他們。

令人難過的是她事後遭人檢舉，說她是「二二八事件」背後的主謀，她之前庇護過的官員趕緊通知她即將有危險臨身，要她盡快逃離台灣去避難。原先她是說什麼也不肯離開，因為她自認沒有做任何錯事，為什麼要離開？官員們知道心地善良純真的她不懂殘酷的官場文化，便同心協力將她送離台灣，使她逃脫了殺身之禍。

她被送上開往上海的郵輪，之後轉往加拿大留學，這也是她後來在多倫多大學學成歸國之後，在台灣推動護理工作的改革和教育、帶來極大貢獻的開端。

有件可惜的事情是，在霍亂疫情爆發兩年後，一切還在紛亂中的一九四七年三月初，原本陳翠玉女士創辦了台灣第一所護理學校「省立台北高級護理助產職業學校」（簡稱「台北護校」，就是今天的「台北護專」），但是因為這個誣陷事件，陳翠玉女士被迫在三月中旬離開台灣，等她學成歸國時，學校創辦人的名字已經被更改，不再是她了。

當年，她離開台灣到上海，下船後，就先去「聯合國世界衛生組織」上海辦公室辦理報到，同時辦理申請獎學金手續，因為她之前在防疫工作上有特殊的表現，世界衛生組織的人都認識她，因此很快就得到該組織提供的獎學金，並且協助她在很短時間內就辦好到多倫多大學護理學院進修的手續，讓她很順利地去學校報到。

她的成績相當優異，在短短一年內就取得護理學位，並在一九四八年學成回來，成為台灣第一位擁有加拿大護理學位的護士。學成後的陳翠玉女士還是跟過去一樣，秉持著一份熱情，認為必須將所學的知識帶回來幫助自己的國家。因此，她沒有在加拿大多停留就回來台灣，在過去戰前工作過的「台北保健局」護理部當主任。

一九四九年，當時台大校長傅斯年先生認為台大醫院需要一個有魄力的護理主任來整頓，因此拜託魏火耀、高天成、林宗義等三位教授，替他去邀請陳翠玉女士擔任台大醫院護理主任，就是看上她的知識和魄力，加上她是全台灣第一個正式護理科班出身的護理工作者。

在台大醫院任職期間，陳翠玉女士引進歐美醫院的制度，將台大醫院大刀闊斧地整頓一番：成立台大醫院的護理部、重新制定醫護人員工作職責內容、醫療環境衛生改善、增加產房和嬰兒室諸類現代設備等等，還在一九五〇年就創辦「台大醫院附設高級護士學校」，這是專門為台大醫院儲備護理人才而設的專科學校。

傅斯年校長聘她擔任校長，推動護理教育。由於當校長需要具有碩士資格，因此，台大校方在一九五四年准她前往美國波士頓大學進修，而她也是很快地在隔年就獲得護理行政碩士學位，這也是台灣第一位獲得此項學位的人。回來後，她隨即在一九五六年在台大醫學院創立「台大護理學系」。

非常可惜的是在一九五六年，陳翠玉女士再次遭人陷害，誣陷她涉嫌貪污，使她遭到地方法院判決有罪，必須免職、軟禁。雖然後來最高法院宣判無罪定讞，證明了她的清白，但她心裡也因此受到極大的創傷，決定離開台灣到國外去。台大護校在她離開後，校務幾乎陷入停擺，導致了後來在一九五九年關閉的結果。

就在她被地方法院判定貪污有罪時，還是有許多令人感到溫馨的事；台大校長傅斯年先生並沒有停止每月發薪水給她，且是派專人親自送薪水去她家。當時的國防部俞大維部長則是提供專車給她使用，並派人保護她的出入安全。這個誣陷事件很快就傳到國際社會，有如彭明敏教授的情形一樣，都是令國際社會注目的事件。後來有許多人出錢替她聘請律師，就是後來當上東吳大學校長的端木愷律師為她辯護，經過三年的訴訟，終於獲得最高法院判決無罪。

永遠是台灣人

當此案件還在訴訟期間，世界衛生組織亞洲區的行政顧問依麗莎白・赫爾（Miss Elizabeth Hall）小姐一直熱切關心案件的發展，因此，當最高法院在一九五八年判陳翠玉女士無罪之後，世界衛生組織隨即在一九五九年發聘書給她，請她擔任護理教育和護理行政的顧問，後來，她選擇到西班牙語區的中南美洲和加勒比海地區的泛美衛生組織（PAHO/WHO）國家工作。

為了接受這份工作，她利用時間學習法語、西班牙語、葡萄牙語和德語，加上她原本就相當流利的台語、日語、英語和華語，她總共精通八種語言，聽、說、讀、寫都相當流利，不論是主持或是參加國際會議都不需要翻譯。

由於她的專長就是公共衛生和護理教育，因此，她在擔任世界衛生組織顧問的十八年期間，不但在中南美洲和加勒比海地區的國家，訓練了很多公共衛生的專職人員，並且促成該地區國家普設護理教育學校，也因此很快就撲滅許多國家原本相當猖獗的傳染病，許多國家也因為她推動護理教育、接受她設立醫院的建議，很大程度地改善醫療環境，讓當地的政府相當感謝，甚至有好幾國國家的元首都曾邀請她到總統、國王的官邸餐敘。

在這段期間，由於她精通各種國際通用語言，因此，每到一個地方訪視，她都可以不用任何翻譯。她走遍中南美洲各國，以及加勒比海泛太平洋區的國家，改善這些國家的醫療和護理制度，都留下了非常美好的聲譽。二〇〇七年十一月，在中國醫藥大學附設醫院與台大護理學系舉辦的兩場講座中，來自千里達共和國的護理專家，也是國際護理協會理事的比爾葛林姆女士（Ms. Yvonne Pilgrim）在開場時表示：她要代表她的國家千里達，感謝我們台灣的護理專家陳翠玉女士，由衷感謝她為千里達所做的一切。

我在想，若是她能多活幾年，相信今天台灣在世界衛生組織所受到的困境與狀況，一定有很大的不同，因為只要她代表出席，那些她過去工作過、貢獻過、幫助過的國家代表，必定會替台灣在該組織的正當性和代表性發聲。「人在，情就在。」陳翠玉女士的去世，應驗了這句古老的諺語：「人亡，情消失。」

一九七七年，陳翠玉女士從世界衛生組織退休後，就開始積極地參與台灣公共事務，也參與台灣人權協會以及台灣相關的民主活動。一九八六年，她組成以「促進台灣民主、婦女地位」為目標的組織「全球性婦女台灣民主運動」（Women's Movement for Democracy in Taiwan），該組織以「WMDIT」簡稱，用和台語發音類似的字詞「穩得」作為稱呼。

一九八七年，陳翠玉女士回到台灣時，曾公開發表與「WMDIT」組織理念相關的演說，並且探望關在綠島的政治犯，這使她被當時的國民黨政府列為黑名單，將她的返台簽證取消。一九八八年，「世界台灣同鄉會」第一次在台灣本地舉行，她想再次回到台灣來參加，卻因簽證被取消而無法回台。

但她沒有放棄，為了回到台灣，她想盡辦法突破封鎖。她走遍美國、加拿大的台灣辦事處，重新申請美國護照，但還是拿不到簽證，那時她的身體有了異樣，卻仍然抱病繞了半個地球，然後用從新加坡轉飛台灣的方式，才終於成功入境自己的家鄉台灣。

也許因為年事已高，且身體已患上狹心症，加上返台前多處勞累奔波，陳翠玉女士於一九八八年七月三十一日回到台灣後，就因為疲勞過度而引起舊疾復發，不久就因身體不適，進入過去她曾服務過的台大醫院治療，可惜不到一個月時間，就在八月二十日離世，享年七十三歲。

陳翠玉女士真的是一位奇女子，她曾經說過這句話：「我出生時是日本人，現時是美國人，但是我永遠是台灣人。」在她一生中，有很多次的機會可以留在國外享受更好的資源與待遇，但她毅然選擇回到台灣貢獻自己的心力，即使遭人誣陷、心靈受創、被取消簽證，她依然不改其心。這樣的精神實在令人感佩，也值得我們緊緊記在心裡。

22 用愛勝過仇恨的典範——井上伊之助醫師

那是發生在距離現今一百多年前的事，背景是日本人在現今的花蓮縣秀林鄉一帶進行大規模伐砍樟樹，而秀林鄉是屬於太魯閣族的部落。因為日本商人砍伐的面積過大，引起太魯閣原住民部落不安，而日本人又認為台灣原住民都是沒有讀書的文盲，很好欺負，硬是要進行砍伐。

在太魯閣原住民的心中，這些樟樹就像他們的生活支柱，要砍伐已經讓他們感到害怕、不安了，何況是要大量砍伐，更讓他們有了生存危機感，部落的頭目和幹部都強烈感受到日本商社的橫蠻、欺騙、鄙視，甚至認為日本商社要毀滅他們的部落，所以頭目召集村民開會，作出很重大的決定，就是進行「出草」，意思是要殺日本人來祭拜祖先。

結果他們真的這樣做了，當時被殺害、砍頭的員工共有二十五人，其中有一位受害者名叫井上彌之助，他是日本商社的主要代表和重要主管。

這事件是發生在一九〇六年，比起一九三〇年發生的的「霧社事件」還要早二十四年。可想而知，殺害日本商社職員的事件震驚了日本政府，使其差點計畫進行「滅族」，如同後來的霧社事件。但當時日本政府可能考慮到是商社壓搾原住民才引起這起事件，因此，日本政府僅要求懲罰凶手而已。

這消息在一九〇六年八月十五日下午一點多傳回日本，被殺害的主管井上彌之助有個正在神學院讀書的兒子，名叫井上伊之助，那時二十四歲，正在參加一場由教會所舉辦的靈修營會。當他接到這噩耗時，頓時胸口悸動，淚流不停。很多同時參加營會的同學、好友紛紛過來安慰他，之後他就離開眾人，一個人躲進森林裡痛哭。

他在悲傷哀慟時，一直在思索要怎樣面對父親被台灣原住民殺害的事，就在這時，他心中突然想起耶穌所說的話：「要愛你們的仇敵，並且為迫害你們的人禱告。」（馬太福音5:44）

這句話一直盤旋在他心中，耶穌說「要愛你的仇敵」，但這怎麼能夠接受？經過反覆的冷靜思考之後，他內心的激動逐漸平息下來，卻仍然繼續想著：耶穌為什麼會講這句話？這句話對現在的他到底有什麼意義？接著他又想起耶穌所說的另一段話：「兩隻麻雀固然用一個銅錢就買得到，但是你們的天父若不許可，一隻也不會掉在地上。至於你們，連你們的頭髮也都數過了。所以不要怕，你們比許多麻雀要貴重多了！」（馬太福音10:29-31）

就在這時，耶穌的這些話讓他猛然醒悟過來，知道父親的死必然有上帝的旨意在其中，這也成為他喪父之痛的撫慰力量。

餵養我的羊

兩年後的一九〇八年夏天，井上伊之助在靈修中突然聽見有個聲音在他的心中響起：「你愛我嗎？」他不由自主地跟著這聲音，回答說：「是的，我愛祢。」然後他又聽到這個聲音說：「餵養我的羊。」如此反覆了三次，情況幾乎跟〈約翰福音〉21章15至19節所記載的，復活的耶穌和門徒彼得（伯多祿）之間的對話完全一樣。

自此之後，他就一再思索這個問題：誰是我的羊？誰會是需要我去餵養的小羊？這些小羊在哪裡？這樣的問題一直停留在他的心中。

漸漸地，井上伊之助感受到這句「餵養我的羊」應該是上帝對他的呼召。因為自從他父親被台灣原住民殺害之後，他就想到要學習耶穌死在十字架上時，為那些殺害他的人祈求天父原諒他們。他既然要獻身成為傳道者，就要學習耶穌的榜樣。因此，他每天都為這些殺害他父親的台灣原住民祈禱，如今他聽到上帝對他心靈的呼聲，讓他想到應該用更積極的方式來回應上帝呼召才對，而他想到的方法就是進入原住民部落去傳福音，就這樣，他決定前來台灣進行傳福音的工作。

當時台灣的交通並不便捷，要到原住民的部落地區去傳福音，不是一件容易的事，需要更多的時間準備。但真正要克服的問題，是當時日本治理台灣的總督府之「理蕃政策」，是有計畫地要將全台灣的原住民轉變成「神道化」的宗教信仰，因此禁止任何宗教團體的傳道者進入原住民部落從事傳教的活動，這也是為什麼在許多原住民部落都有建造「神社」之因。因為這樣，井上伊之助想到最好的方式，就是投入醫療服務的工作。

為了達成這個心願，他先去伊豆的戶田地方學習醫術。雖然這並不是正式的醫學教育，但因為當時台灣總督府為了推動公共衛生，以及解決台灣嚴重欠缺醫療工作者的問題，有舉辦「限地開業醫師考試」，井上伊之助經過一年半的學習之後，認為所學的應該足夠他取得這項資格。就這樣，他決定啟程前來台灣，開啟他的醫療傳道之路。他在一九一一年十月告別妻兒、親族、友人，自己先隻身到台灣，隔年就將妻兒全都帶到台灣來。

前文有提到，台灣總督府並不允許有傳道者身分的人進入山區，但井上伊之助早有準備，所以很順利地通過「限地開業醫師考試」取得資格，順利地進入原住民部落，利用行醫的工作傳福音。

在那嚴厲禁止福音傳入原住民社區的日據時代，就像現今有些回教或極權國家不允許基督教傳入一樣，還是有許多基督教的宣教師用技術人員的身分，私下進行傳福音的工作。井上伊之助也是這樣，利用他「限地醫」的身分，隱藏著傳福音的使命。他在台灣三十多年時間，行醫的足跡遍及今日的新竹縣尖石鄉、台中縣和平鄉、南投縣仁愛鄉、信義鄉、宜蘭縣三星鄉等地，甚至在海拔高達一、二千公尺高山上的原住民部落，處處都有他走過的足跡。

每到一個地區，他都沒有忘記要盡心盡力地傳遞上帝在耶穌裡的愛，甚至在第二次世界大戰期間，更是冒著遭到空襲的危險，設法到台北仁濟院、松山養神院（今署立桃園療養院之前身）、樂生痲瘋醫院等地，協助照顧肺結核、精神疾病和麻瘋病的患者。

撒下福音的種子

一九四五年二次大戰結束，日本戰敗，在台日人開始被遣返日本。井上伊之助特地向台灣行政長官陳儀提出歸化台灣籍的申請，為了能被允許留下來，他還改了漢名「高天命」，盼望用這種方式盡自己一生的生命，將基督教福音的信息傳達給台灣原住民，讓他們明白：有上帝的愛，就可以勝過人與人之間的仇恨。他內心是這樣想的：「我要用愛的方式來取代仇恨，而這愛就是耶穌在十字架上的犧牲、奉獻，和無比的愛。」

可惜的是一九四七年，台灣發生「二二八事件」，井上伊之助全家接到立即遣返的「歸國命令」，必須返回日本。消息一傳開，許多原住民的弟兄姊妹們都感到深深的不捨，如同自己的親人要遠離一樣。也因為他獻身醫療傳道服務的工作，後來被稱為「台灣原住民醫療之父」。

在台灣原住民部落工作長達三十多年，井上伊之助雖然身為醫師，卻也曾身染重疾，他的五個孩子中就有三個病死在台灣，但他依舊無悔當初來台灣的決定。回到日本後，他仍念念不忘台灣，他說：「報紙如果有台灣的消息，我一字不漏地讀；吃飯時，如果收音機正好講到台灣，我便放下筷子；就算已經準備就寢，聽說有台灣的消息，也要起身打開收音機聽個仔細。而在每晚的睡夢裡，我也經常夢到海洋彼方的台灣……」

即使如此，井上伊之助心中一直有個遺憾。他雖然投入所有的生命力在原住民部落傳福音，但因為當時日本政府的政策森嚴，加上在戰後動亂時代，沒有原住民敢站出來領受洗禮，因此，當他回到日本時，心裡一直很有挫折感，以為自己在台灣原住民部落的傳福音工作失敗了。

但就在他離開的一個月後，有一天，花蓮港教會突然來了一群從太魯閣山上來的原住民，跟牧師說他們要受洗，讓花蓮港教會的牧師和長老大為驚奇。因為他們才剛準備要上山去開拓、傳福音，怎麼就有原住民主動說要受洗？後來才從這群原住民口中知道，原來他們在深山上都已經信從井上伊之助所傳的福音，信了耶穌。

因此，幾年後，當高俊民先生當上玉山神學院的院長，有機會去日本開會時，特地去拜訪井上伊之助，並將這消息告訴他。他流著感恩的眼淚說：「原來我撒的種子，上帝有讓這些福音種子發芽且成長起來！」他感到相當欣慰。

井上伊之助自從他父親被殺害之後，就堅持用耶穌所說的話來堅定自己傳福音的信念，真正實踐了耶穌所說的：「要愛你們的仇敵，並且為迫害你們的人禱告。」此外，使徒保羅所說的這段話也帶給他很深的影響：「不要被惡所勝，要以善勝惡。」（羅馬書12:21）耶穌和保羅所說的這兩段話，成為井上伊之助在台灣一生傳福音的支柱。

井上伊之助的故事見證了生命中最偉大的力量，就是愛！他用寬恕消除憤怒，用愛弭平心中的悲傷，用憐憫擦拭生命的傷痕。這種從信仰所散發出來的「愛」的力量，正是今天台灣社會最欠缺、也是最需要學習的功課！

23 用生命疼惜智能障礙的孩子——裴嘉妮修女

我們前面介紹過葉由根神父的故事，葉神父於一九七五年在新竹關西水源街創辦「仁愛啟智中心」，當時他手上僅有一百美元，卻有著豐富的愛，不怕困難創辦了這間啟智中心，幫助了上千戶家中有智能障礙孩子的家庭。葉神父當時說了一句很感人的話：「只要有愛心，即使只有一塊錢，也可以做出美好的事。」

但我們知道，葉神父創辦的「仁愛啟智中心」之所以能夠幫助那樣多的孩子和家庭，並不是只有一棟建築物就夠了，最重要的是有很好的工作者在那裡親身參與、帶領這些智力上有困難的孩子，才能達成這美好的結果。而使這間「仁愛啟智中心」充滿了愛與溫暖、讓人感到窩心的重要人物，就是來自義大利的裴嘉妮修女（Sr. Maristella Piergianni）。

裴嘉妮修女是一九四三年一月十二日出生於義大利，父母都是非常敬虔的天主教徒。從小她就立志要獻身傳福音，因此在十六歲那年，她在父母的支持下進入修院學習。和許多修女相同，她知道最好也最容易傳福音的方式，就是透過醫療服務，而最容易接觸醫療工作、效果也最好的方式，就是當護理工作者，因為這會使她每天都有很多時間接觸到病人。因此，裴修女在進入修院後，也進入護理學校讀書。

一九六五年，她二十二歲，聽說台灣很需要醫療幫助，於是她和另外八位修女一起申請，希望能到台灣來服務病人。她們的申請獲得修會批准，就這樣，她們搭船經過一個月的航行，來到台灣。

抵達台灣之後，裴嘉妮修女首先被分發到新竹縣尖石鄉一間天主教會所開辦的小診所服務，希望能用這種方式早一點學會原住民的語言。就像其他的修女一樣，裴修女不會挑剔做什麼事，因此，有人形容她是「校長兼打鐘」，什麼都得自己來。由於當地根本沒有醫療人手，裴修女的到來，的確幫了居民一個大忙。

不時有民眾被蛇咬傷，或是長了疹子、患上皮膚病，裴修女總是細心地為他們診治。但是經過一年後，教會被告知，說台灣並不承認義大利的護士資格。為此，裴修女在與修會商討之後，決定前往美國的護理學院進修。於是一九六八年她去美國重新開始學習英文和進修護理課程，經過兩年時間就取得美國護理證照，然後又回來台灣，這次她被修會改派到嘉義「聖馬爾丁醫院」服務，並且擔任護理長。

一九七四年，裴嘉妮修女再次被改派，到台北新店的「耕莘醫院」服務，擔任護理部主任，直到一九八二年，因為新竹「仁愛啟智中心」很需要一位護理人員，她聽到之後，就想到這應該是上帝對她的呼召，也是她當年獻身的主要目的。因此，當修會詢問她是否願意去協助時，她二話不說就收拾行李離開耕莘醫院，到新竹的「仁愛啟智中心」服務。

工作與角色的轉換

對裴嘉妮修女來說，這種工作性質的轉變是非常大的，因為她過去的護理工作多數是在開刀房、加護病房、急診室等，看見的都是血淋淋的場景，有的甚至是在死亡邊緣掙扎的傷病患者，因此工作的速度都是快板，半點遲疑不得。但現在她在啟智中心看見的，卻是一群行動緩慢、處處都需要有人照顧與扶持、被整個社會所忽視的孩子，工作的性質完全相反。

這種工作的變換，也是她角色的變更。裴修女很清楚地知道，此後她所要扮演的角色，就如同一位母親在照顧脆弱孩子的生命一樣。而要照顧一群智力有困難的孩子，裴嘉妮修女很怕自己無法勝任，因此，她向修會申請回到義大利去學習一年時間，走訪了羅馬等地的啟智機構。她說，有了這樣的認知之後，她才敢回來進入啟智中心服務這些孩子。

在啟智中心的孩子們，不單是智能不足而已，有些孩童也常出現癲癇或是精神不穩定的現象。因此，裴嘉妮修女除了要注意孩子的健康外，也需要設法安排孩子就醫的事。我也曾經提起過，說他們是「孩子」，是因為他們的心智一直是七、八歲孩童的年齡，而隨著時日飛逝，這些進入啟智中心的孩子都會長大，有些已經超過四十歲了，但只有年齡會增加，他們的智力不但不會增加，反而會隨著年齡增長而衰退、老化。因此，要帶這些身材形同大人的院童出去看診，可不是一件容易的事情。

在仁愛啟智中心有幾位精神上需要長期服藥才能控制的孩子，裴嘉妮修女為了讓他們得到好的醫療，必須開車載他們到桃園部立醫院療養所，找固定的精神科醫師，每個月固定時間回診。這樣的工作一直沒有間斷過，因為這些孩子若是沒有按時服藥，很快就會出現亂序的行為。新竹部立醫院的醫務人員都認識裴修女，每當看見她帶孩子來就醫，即使已經滿號，也會主動設法幫助他們可以及早看診（應該說是「插隊」），好讓裴修女可以早些帶孩子回中心。裴修女說大家都提供很多幫助，也等於是在疼惜這些孩子。

儉樸的生活，是這群獻身到世界各國偏遠、貧困地區去服務的神父、修女們共同的特質。就像我在台東看見的瑞士修女一樣，會自己清掃、油漆、修理病人的輪椅和病床，即使東西已經非常老舊了，修女們總是這一句話：「還能用，為什麼要丟掉？」裴嘉妮修女也是這樣，為了讓這些孩子有足夠的衣服可穿，她學會裁縫，有時自己縫製桌布、餐巾、椅墊、窗簾，而用的布料幾乎都是老舊、破損、準備要丟棄的衣服和被單，被她拿來回收再利用。

美，就是努力

為了幫助孩子們在中心生活不會感到乏味，裴嘉妮修女將這些孩子組成「合唱團」，教他們唱歌。雖然孩子們唱出來的歌聲往往會讓我們感覺「五音不全」，甚至是「荒腔走板」，但裴嘉妮修女總是說那是像「天籟歌聲」一樣美好的聲音。其實她是要告訴我們，懂得欣賞的人，就會明白這些孩子已經盡他們所能的一切力量，這就是美。她說得非常好：「美，就是努力。」

她也教這些孩子跳舞，即使他們跳得多麼不符合旋律、節奏，但她都帶領孩子們的父母、親人一同鼓掌、喝彩，她告訴大家：「只要孩子在旋轉、舞動，他們的身體不會跌倒，就是極大的進步。因為他們已經學會了平衡。」她也教導孩子們怎樣打擊樂器，並且告訴家長們：「只要他們知道跟著音律打擊，就表示他們知道出手的時機。」

所有孩子們表演時要穿的衣服，不論是跳舞時的舞衣、制服等，都是她親手設計、縫製。她說學會了裁縫可不是只有用來縫補，還可以製作衣服，她說這也是上帝賞賜給她的奇異恩典，因為那台縫紉機其實已經荒廢在啟智中心的角落好一段時間，上面是滿滿的灰塵，她將之拆解下來，每個螺絲、鐵板，她都拿紙做上記號，然後將拆解下來的每片零件都逐一擦拭乾淨並且上油。她說：「感謝上帝，這部老舊的裁縫機沒有被人資源回收掉。」

因為看見裴嘉妮修女這樣節儉，連賣布的布商都受到巨大的感動，願意免費提供裴修女所需要的布料，好讓她可以為孩子們縫製各種表演需要的衣服。一開始她並不會做衣服，但有這方面專業的婦女主動來教她，並且跟她一起製作。這也是裴修女所說的：「當我們出手幫助別人時，也是在幫助自己。」

啟智中心有一位跟著裴修女好一段時間的社工師林美好女士，是這樣形容裴修女的：「裴修女是啟智中心的寶貝！她不僅是專業護士，更是孩子的守護者，是萬能的裁縫師，也是募款高手。」其實，說裴修女是「募款高手」並不完全正確，只是她募款的方式很特別：她經常利用時間，騎著一部老舊的摩托車，有時是騎著腳踏車，走進商家去募集「愛心發票」，有不少商家就在店門口設置發票蒐集箱，方便讓裴修女帶回去，若是中獎，就算是捐款的意思。這就是葉由根神父所說的：「只要有愛心，即使只有一塊錢，也可以做出美好的事。」

裴嘉妮修女跟許許多多的神父、修女一樣，不論是從哪個國家來到台灣，第一件事，就是先把愛的種子播下去，然後傾注所有生命的力量照顧，使之成長起來。

義大利在歐洲，距離台灣好遠，且是語言、文化、種族、習俗完全不同的國度，連彼此的生活方式都不一樣。但裴嘉妮修女從一九六五年來台灣到現在，已經有超過五十年時間，台灣跟義大利的巨大差異好像一點也沒有影響到她。有人喜歡問她說：「修女，你是哪理人？」她總是笑著說：「我是土生土長的台灣人！」讓聽到的人不是感動不已，就是感到羞愧萬分。

會感到羞愧的人，是因為有些人在台灣這塊土地上土生土長，卻對這塊土地一點認同感也沒有，有的人甚至還鄙視這塊土地，想盡辦法要破壞、摧毀。而被裴修女感動的人總是因為她這句話，獲得更大的激勵，希望自己也能像裴修女一樣，把愛澆灌在台灣這塊土地上。

裴嘉妮修女知道有的人對這些智能有困難的孩子的未來感到憂慮，但她總是會對抱著這種憂慮的孩子父母、親人說聖經裡的這句話：「有了愛就沒有恐懼；完全的愛驅逐一切的恐懼。所以，那有恐懼的就沒有完全的愛，因為恐懼和懲罰是相關連的。」（約翰一書4:18）這是我們都該學習的功課，因為有真實的愛，就是生命最大的力量。二〇〇一年第十一屆「醫療奉獻獎」頒發給裴修女時，她說：「我願意繼續給予、繼續奉獻、繼續服務，直到天主召喚我回天家的那一天！」

二〇一七年五月十九日，內政部頒發給她國民身分證，同一天，新竹市政府也頒發給她新竹市民證。這時，裴修女說：「現在，我也是一個正港的台灣人喔！」裴修女對台灣無私的愛，真的是我們應該好好學習的榜樣。

24 竭盡畢生心力，寫出台灣的歌——蕭泰然老師

認識蕭泰然老師大約是在二十年前（一九九八年），是我在台北東門基督長老教會牧會時的事。那時他住在淡水的一間簡單套房裡，每個禮拜日都會特地到台北東門長老教會來參加主日禮拜。他話不多，無論大家談些什麼，他都是很安靜地在傾聽，而且總是面帶著笑容。

被視為「台灣國寶級音樂家」的蕭泰然老師，是一九三八年出生在高雄鳳山，父親蕭瑞安先生是日本留學回來的牙醫師，也是高雄塩埕長老教會的長老；母親林雪雲女士是留學日本的鋼琴家。一九四〇年代的台灣，全高雄只有兩架鋼琴，一架放在市政府大禮堂，另一架就在蕭泰然老師家中。他從五歲就開始學鋼琴，七歲就能公開演奏，很早就展露出過人的音樂天分，也在母親的耳濡目染之下，逐漸引發他對音樂的

熱愛。

然而，蕭泰然老師的父親並不想讓他接續母親當鋼琴家，比較期待他能成為一名醫生。當時他在台南長榮中學就讀，校長戴明福先生和他的父親是同學，戴校長看見他在音樂上的造詣、知道他想走音樂這條路，便親自向他的父親分析解說，終於改變了他父親的看法，讓他繼續在音樂上持續學習下去。

一九五九年，蕭泰然老師考入當時的台灣師範大學音樂專修科，也就是後來所謂的音樂系，主修鋼琴演奏。因為他從小就在教會出入，也參加教會聖歌隊，在長榮中學期間，學校合唱團都是練唱宗教詩歌，因此，他的作曲也是從這裡進入，嘗試創作宗教歌曲和合唱曲。從此，他慢慢地將學習重心從鋼琴拓展到作曲範疇。

一九六三年師大畢業後，蕭泰然老師回高雄二中（今天的「前金國中」）擔任音樂老師。兩年後，當年他在師範大學的老師李富美教授推薦他去日本「武藏野音樂大學」進修，這對他後來在作曲上幫助非常大。一九六七年，他從日本學成回國，回到故鄉高雄開始長達十年的教學、演出和發表作品的生涯。

他以教鋼琴為主、作曲為輔，先後任教於文藻女子外語專校（今文藻外語大學）、高雄女子師範專科（今國立高雄師範大學）、台南家專（今台南應用科技大學）

以及台南神學院等校。同時，他也與小提琴教育家李淑德女士的青少年管絃樂團合作，擔任客席指揮。

蕭泰然老師從日本回來的第一年年底，就出版了第一部合唱曲集。更特別的是在一九七一年，他和父親蕭瑞安醫師合作，父親編寫詩詞，然後由兒子蕭泰然老師譜曲，出版一部「神劇」，名為《耶穌基督》，他用三個禮拜的時間完成了這長達三十三分鐘、一共八章的神劇。蕭泰然老師回憶當時創作的情境，謙卑地表示：「那彷彿是上帝牽著我的手寫成的，也是用這部神劇來表示我對家父永遠的尊敬和思念；同時是我對上帝的信仰告白，感謝祂賞賜給我這份特別的禮物。」

一九七二年，蕭泰然老師代表國家，赴菲律賓馬尼拉出席「第一屆東南亞聖樂會議」，同年應高雄市立交響樂團之邀，由陳澄雄教授客席指揮，合作演出〈貝多芬第三號鋼琴協奏曲〉。另一方面，他也向旅居台灣的奧地利籍音樂家羅伯・蕭茲教授（Dr. Robert Scholz）學習鋼琴和作曲技巧。然後在一九七三年，他受聘為師範大學音樂系專任講師；也同時向另一位旅居台灣的加拿大籍音樂家德明利姑娘（Miss Isable Taylor）請益，亦深受其影響。

從一九七一年開始到一九七七年這段期間，蕭泰然老師出版不少個人作品。一九七五年，在台北中山堂舉行「蕭泰然樂展」。一九七六年，在台南家專音樂科擔任副教授，同時應當時非常出名的指揮家郭美貞女士的委託，為「華美青少年弦樂團」編寫〈鄉思曲〉，並且隨團去美國演出，這也是他的作品第一次在美國發表。

寫出台灣的故事

一九七七年，由於妻子經商失敗，蕭泰然老師只能離開台灣，移民美國投靠妹妹，在當地經營藝品店為生，後來轉到加州洛杉磯。在這段期間，「有家卻歸不得」的痛苦一度讓他灰心喪志，但他並沒有放棄，敬虔的信仰讓他知道上帝一定有話要告訴他，只是他還無法理解。因此，他利用這段期間，開始整理台灣歌謠，將其重新改編成演奏曲，如〈望春風〉、〈台灣調〉、〈黃昏的故鄉〉、〈思想起——恆春古調〉等，另一方面也同時創作了許多台語歌謠和懷鄉歌曲，如〈出外人〉、〈嘸通嫌台灣〉、〈遊子回鄉〉等等。

這樣的日子持續了近三年之久，直到一九八〇年才出現生命的曙光。原來，無法忘記音樂的蕭泰然老師，時常利用做生意的空檔彈琴自娛，有一天有三位客人路過他的小店，聽他彈琴的樂聲，就駐足聆聽，一直聽到他彈完為止。這三位女士聽完之後熱烈地鼓掌，然後對他說：「像你這樣的年輕人，為什麼會在這裡？」他聽了以後，內心受到極大的激勵，於是他開始反問自己：「對啊，為什麼我會在這裡浪費時間？」這時，彷如大夢初醒的蕭泰然老師下了一個重要決定：重新回到音樂之路，要用上帝給他的恩賜來榮耀上帝。

於是在一九八六年，蕭泰然老師重新整理家裡的事物，回到校園繼續進修，並於一九八七年取得加州大學洛杉磯分校（University of California, Los Angeles; UCLA）音樂研究所的作曲碩士學位。他說：「正如上帝使用約瑟（若瑟）及摩西（梅瑟），凡事都有上帝所定的時間，因為上帝永遠有祂的時間，這一切都是上帝的旨意。」蕭泰然老師後來回憶說：「這三位女士就像上帝派來的天使，告訴我上帝希望我好好用祂賞賜的恩典。」

在研究所指導老師——金教授（Dr. B. K. Kim）鼓勵之下，他奠定了日後的作曲方向，要將「台灣精神」融入西方古典及浪漫的元素，他要創作「台灣的新音樂」。他創作的協奏曲、大型管弦樂曲、合唱曲都融入大量台灣元素，連美國人聽到他譜寫的《台灣翠青》也情不自禁地流淚，很有共鳴地說：「我不懂台灣的歷史，但音樂太美了，感動我的心！」

一九九三年，蕭泰然老師為了記念「二二八事件」，開始創作大型管弦樂曲〈一九四七序曲〉（1947 Overture），期間卻因心臟大動脈血管瘤破裂而進醫院接受手術治療，一度生命垂危，然而在眾人的禱告和醫生的搶救之下終於痊癒，並於隔年完成這部史詩級的作品。每次談到這段往事，他總是心懷感恩地說：「我的音樂恩賜是上帝給我的，我的靈感也是上帝賜給我的。」

這也是前面說過的，上帝的手總是扶持帶領著他，甚至是面臨死亡的威脅時，上帝也總是出手拯救，指引並保守他走在正確的人生道路上，譜出一首首感人的讚美詩歌。為了感謝上帝的憐憫恩典，他竭盡畢生心力寫出故鄉的歌、土地的故事，締造了輝煌的音樂成就，在國際間獲獎無數，得到極高的讚賞和聲望。

上帝奇妙的安排

過去有參加民進黨遊行的人，都會聽到有人帶頭唱〈出頭天進行曲〉這首歌，這就是蕭泰然老師在一九八〇年的作品。雖然他創作時並沒有想到會牽涉進政治的漩渦中，卻因為這首歌，使他在戒嚴時期被國民黨政府列入不能返國的「異議分子」黑名單，使他無法回國來探望親友。

這項禁令一直到十五年後才解除，在這段期間，他沒有因此失落或傷感。有一次他跟我談到這件事，他特別跟我說他的感想：「盧牧師，從家裡發生財力上的變化，到被國民黨列入黑名單不能回來，我認為這一定是上帝奇妙的安排。」

他說他最喜歡的一段聖經經文，就是〈以斯帖記〉（艾斯德爾傳）4章12至14節，這段經文是描述波斯國王的宮廷裡，有一位猶太人官員名叫末底改（摩爾德開），他的養女以斯帖被波斯國王選為皇后。因為當時的宰相哈曼謀劃要屠殺所有的猶太人，末底改跑去找同是猶太人的王后以斯帖，希望她去跟國王舉發這件事。但王后很怕冒然進宮勸諫國王，會帶來殺身之禍，便猶豫不決。這時，末底改就很不客氣地告訴王后說：「你不要幻想，以為你在王宮裡就會比其他的猶太人安全。你在這樣的時候不說話，猶太人自會從別處得救援，而你和你的家族必將滅亡。誰知道，也許你被安排作王后正是為了這時刻！」

蕭泰然老師喜歡這段話，也將之轉換來看自己的際遇。上帝讓他到美國寄居，努力振作起來又被列入黑名單，如今回想起來，就是因為這樣慘痛的生命經歷，讓他可以專心投入作曲，也才想到要繼續進修，而能為台灣寫出更多、更好的作品。他說：「原來上帝是這樣在安排我的生命！」

一九九三年經歷了那次極危險的心臟手術後，他回憶當時還在等醫師送他去醫院急救時，他一直向上帝祈禱說：「上帝啊，我的〈一九四七年序曲〉還沒有完成，總共要寫六、七十頁，現在才寫了兩頁，如果我死了，祢要幫我完成！」他說上帝果真垂聽他的祈禱，讓他可以安然度過生命關頭，而他出院休息一陣子後，就趕緊將這首曲子完成了。

曲子完成後，他在一九九五年六月三日於美國北加州的「屋崙大會廳」舉行世界首演，在長達十八分鐘的序曲中，字字句句都在反覆強調要「以愛來戰勝仇恨，以希望來拓展未來的信念」。他盼望能用音樂表達深深的愛，來為「二二八事件」療傷。因此，他說〈一九四七年序曲〉不是悲歌，而是為了帶出盼望。

一九九五年，禁令解除，他終於如願以償地返回台灣定居，住在台北淡水郊區的一棟簡單房舍中，幾乎就和大學生宿舍一樣，只有一台小小的電子琴、一張小小的桌子和三張椅子、一個簡單的衣櫥和一張單人床。但他沒有忘記創作，陸續寫出〈台灣魂〉、〈傷痕之歌〉、〈玉山頌〉、〈啊～福爾摩沙——為殉難者的鎮魂曲〉。

只要活著，就要繼續努力

有一次蕭泰然老師跟我說，他很想將聖經的一百五十篇詩篇全部編寫成曲，讓教會聖歌隊來唱。他確實有過這樣的努力，但並沒有完成。很多教會（特別是長老教會）都會在主日禮拜時唱他寫的〈主禱文〉（天主經）。他也寫〈詩篇23篇：雖然走過死蔭的幽谷〉、〈詩篇84篇：你居起的所在〉。另外他也寫過台語詩歌〈至好朋友就是耶穌〉、〈更愛我主〉、〈有福的確據〉、〈至聖的神聽阮祈禱〉、〈我的心神啊！你著讚美耶和華〉、〈耶穌召我來行天路〉、〈信望愛〉等等，每次唱他的詩歌，都會激盪人的心靈。

他也寫過好幾首有名的台灣民謠作品，像〈台灣頌〉、〈拾破舊的老人〉、〈冥想曲〉、〈嘸通嫌台灣〉、〈蕃薯不怕落土爛〉、〈出外人〉、〈點心擔〉、〈遊子回鄉〉等風格浪漫的歌曲，總會讓唱的人、聽的人，都有意猶未盡的深刻感受。

他不但寫曲子，也會自己寫歌詞，像〈點心擔〉就是他想起在台灣時經常四處去吃點心，就把他知道的台灣各地點心寫進歌詞裡。這首歌的開始就說：「想著楊桃湯、冬瓜茶，心涼脾肚開；若是Seven up、Coca Cola，氣味天差地……」他說離開台灣多年，最懷念的就是故鄉溫暖的人情和美味的小吃。可是他有糖尿病，因此每當他說要喝冬瓜茶或是楊桃湯時，我們都會勸他最好不要，他竟然說：「先喝，回去再吃藥就好。」

有一年，他在美國亞特蘭大演出他的作品，當演奏完前奏、合唱團正要唱的時候，台上的團員竟然沒有人出聲。指揮馬上停下，想瞭解到底是怎麼一回事，這時才看見有團員和樂團的人在擦眼淚，也有人暗示指揮往觀眾席看，發現很多觀眾都在擦眼淚，因為大家看到節目單上的歌詞就哽咽到唱不出來了。

他住在淡水的那段日子裡，只要寫完一首合唱曲，就會趕緊拿給蘇慶俊老師所帶領的「福爾摩沙合唱團」。最特別的是每次該團練唱，他都親自去聽，有時聽了還會臨時修改，甚至有好幾次是由他親自指揮，希望把自己的心思意念表達到淋漓盡致的層次。

蕭泰然老師的作品大部分是聖詩，特別是讚美詩，其次則為台灣民謠的重新編曲。他喜歡寫讚美上帝的詩歌，原因是他一直堅信上帝就在他身邊和他同行，而他所有的音樂才華都來自上帝的賞賜，他說唯一可以回報上帝的方式，就是多寫歌頌上帝的詩歌，好讓更多教會、信徒都知道要讚美上帝。

二〇〇九年一月，蕭泰然老師獲得行政院頒發「文化獎」，那時他自覺活在世上的日子可能不多了，但是他說「只要還活著，就要繼續為音樂努力」。頒獎那天，他很感性地說：「希望你們鼓勵我，我也鼓勵大家，一起為台灣做一些有用的事。」二〇一〇年鋼琴家葉綠娜女士演奏蕭泰然老師的作品《家園的回憶》，這是蕭泰然老師的鋼琴獨奏曲集，而這首作品讓他獲得第二十一屆金曲獎傳統暨藝術音樂類「最佳作曲人獎」，這也是蕭泰然老師第三度榮獲此獎項。次年，他又獲得「傳統暨藝術音樂類特別貢獻獎」。

晚年，蕭泰然老師與癌症病魔奮鬥，他說：「金銀我攏無，只有將我所有的給您——就是我的音樂！」

二〇一五年二月二十五日下午一點十分，蕭泰然老師病逝於洛杉磯家中，享年七十七歲。儘管他的一生經歷種種挫折，但他仍窮盡畢生之力創作美妙的樂音；他的創作充滿了對上帝的愛、對台灣的疼惜，為台灣留下了許多珍貴的音樂紀錄，不僅感動了台灣人，也撼動了全世界的愛樂者。

25 九十歲高齡仍想去蘭嶼服務——林蔡娩藥師

前面介紹過醫生、護理人員等許多對台灣醫療工作極有貢獻、值得我們懷念的對象，這裡就來介紹一位很不錯的藥劑師，就是林蔡娩女士。

林蔡娩女士是在一九〇九年五月十三日出生於台北，父親蔡章勝先生是醫生，母親是劉阿珠女士。他父親蔡章勝醫生和叔叔蔡章德醫生，兄弟兩人都是日本統治時代台北醫學校第一屆（一九〇二年）畢業生，她還有一位叔叔蔡章意先生也是醫生，是台北醫學校第五屆（一九〇六年）畢業生，此外她的家族中還有很多位醫生，可說是家學淵源。

除了傑出的醫療人員，更特別的是她的家族也出了許多傳道者，其中有兩位是我認識的，一位是傳道者蔡發淇牧師，在長老教會是我的長輩，另一位和我同輩的是蔡斯馨牧師。因此，林蔡娩女士的家族真的是如高長牧師所期盼的，子孫若不是牧師，就是醫師，可在醫療傳道的工作上相互搭配。

林蔡娩女士公學校畢業後，就進入當時台北「第三高女」就讀，畢業後在父親蔡章勝醫生的診所幫忙。很有趣的是當時有一位年輕人來診所看病，看見林蔡娩女士長得漂亮，就三不五時來診所說要「看病」，其實並不是真的有病，只是想要來看林蔡娩女士，就藉機說頭痛、肚子痛、腰痛等等，就這樣把林蔡娩女士給「纏住」了，後來兩人果真結婚。這個年輕人名叫林清江，他原本是在師範學校讀書。婚後，他從師範學校畢業，然後轉往日本去讀醫學。

林清江先生會放棄教書而前往日本讀醫學，應該是和林蔡娩女士的父親，也就是他的岳父有關係，因為林蔡娩女士家中有很多位醫生，他很可能是因為常去岳父家裡，談到、看到、聽到的都是和醫療服務有密切關係的話題，就連林蔡娩女士自己也這樣說：「我的阿公是醫生，阿媽認為當醫生可以救人的生命，是最高尚、最有意義的工作，因此，阿媽從小就引領我父親和兩個叔叔都成為醫生，立下行醫救人的志向。」

當林清江先生前往日本攻讀醫學一年後，林蔡娩女士自己一個人帶著兩個稚齡的兒子跟著去日本，和先生相會。喜歡讀書的她，也會利用時間去找進修的機會，先是學習裁縫，但只學一年，發現自己對縫縫剪剪的事提不起勁來，就改學牙醫，結果也因為讀到第二年開始要進入醫院實習時，發現自己看見機器鑽入牙床那種流血的景象，差點昏倒，這時她才了解到自己確實不適合像父親一樣當個醫生。

她想到，只有藥學，不必拿刀子、剪子這些讓人流血的器械，卻一樣可以救人的生命。因此，她進入東京「昭和女子藥學學校」很認真地攻讀藥學。就這樣，在一九四四年，也就是二次大戰快要結束前一年，林蔡娩女士完成了學業，她也是台灣第一個留學日本的藥劑師。她的先生則是等到大戰結束後四年，才完成博士學位後回台灣。但非常可惜的，是她的先生回來後，沒有幾年就因病去世。整個家庭生計，特別是養育兩個兒子的所有費用，就由林蔡娩女士一個人獨自扛起來。

為窮苦病人流淚

一九五一年，林蔡娩女士加入台北市藥劑師公會，後來因為當時的台北市醫院（也就是今天的「中興醫院」）有藥劑師的職缺，她就從那一年去工作，直到一九七四年退休。她很自豪地說：「醫院有四個藥劑師，只有我一個女性，但大家都一樣照表輪班，沒有因為我有兩個小孩在家而有任何特殊待遇。」

她的兩個兒子後來都成為非常傑出的人才，長子林一先生跟母親一樣攻讀藥學，後來在「日本昭和藥科大學」當教授，並兼任分校校長；次子林二先生是非常有名的音樂家，於一九六五年在美國舉辦第一次世界「電腦音樂」發表會，被美國新聞界譽為「電腦蕭邦」，曾受邀赴德國、法國、以色列、越南、泰國、馬來西亞、香港、菲律賓、印尼等地巡迴演講。

因為家族中出現許多位傳道者，林蔡娩女士自己也從小就在父母身邊進出教會，參加各種聚會活動，聆聽許多信仰上的教導，特別是她的祖父曾是馬偕牧師的學生，對信仰的落實和教導非常嚴謹。因此，她非常清楚要實踐耶穌的教導，就是要時時關心周遭的人是否有困難，這也是她在台北醫院服務期間深受病人喜愛的原因。

她雖然不像醫生和護理人員那樣，是在診間或是病房中的第一線工作者，但每當她值班，看見有病人看完病、拿了藥之後，已經沒有錢可搭車回家，她就毫不猶豫地伸手給予救助。她不會考慮對方是否會還錢，只在意給的錢夠不夠搭車。有的病人因此感動流淚，一再地彎腰鞠躬、向她道謝後才走出醫院。每當看見這樣的病人離開，她自己也往往跟著流淚，她說：「貧窮，真的痛苦，連看病都要先算好有沒有錢，否則就算拿到了藥，也不知道要怎樣才能回到家。」

她說的這段話，讓我想起羅東聖母醫院的李智神父所說的：「比生病更痛苦的事，就是貧窮。」這也是台灣開始有宣教師開辦醫院後，就採取沒錢也可以看病的做法之因，花蓮門諾醫院甚至還為了讓貧窮人的自尊心不會受到影響，有長達八年時間，所有病人不論身分背景，門診看病一律只收一元。而台東關山的天主教醫院有長達二十年時間是一律五元。

林蔡娩女士在六十五歲時從醫院退休。她一退下來，就聽到新北市八里的「樂山療養院」因為院長要離開，欠缺醫藥方面的人去幫忙代理院長的工作。該院董事會知道林蔡娩女士有很好的信仰，且是個心地非常善良的藥劑師，因此，就商請她前往該院擔任院長。

她一接到這項邀請，馬上就答應下來。她說「樂山療養院」是宣教師留下來給今天基督教會非常珍貴的遺產。因為當年戴仁壽醫師會創設「樂山療養院」，就是為了照顧當時在台灣備受歧視與排擠的痲瘋病人。她說：「接受這項邀請，並不是因為要當院長，而是要服務在那裡的病人。」

她接下代理院長的工作後，為了關心院民，還多次請她的二兒子這位樂壇名聲相當響亮的音樂家，去樂山療養院演奏音樂，與院民分享。

第一個到蘭嶼服務的藥師

一九七七年，在一次教會的聚會中，她聽到有關蘭嶼欠缺醫療資源的事，當時她已經六十八歲，但聽到蘭嶼樣樣都欠缺的困境，就又生出憐憫的心。她很快準備好行李，帶著她經驗中認為最有功效、最實際的藥物，和朋友搭船去蘭嶼服務島上的達悟族居民，也成為第一個到蘭嶼服務的藥師。

每次去一趟，她都會停留一個月時間，若是帶去的藥不夠用了，或是有什麼欠缺，她就請台灣的親友協助寄藥過去補足，就這樣，前後去了八次之多。在蘭嶼，她不僅是當個藥師，更重要的是進行衛生健康教育。她一直認為台灣人（包括原住民）最大的問題，就是喜歡聽信偏方，往往聽說有哪種草藥治病有效，就跟著服用。

在蘭嶼服務的那段時間裡，沒有電力可點燈，晚上都是點蠟燭。在台北住慣的她，並沒有因此感覺有任何不適，依舊樂此不疲。不但這樣，每逢從台東搭船去蘭嶼時，經常因為風浪大，小船搖擺得很厲害，許多遊客都嚇得大喊：「不要去了！要回家！」即使是這樣的大風大浪，也半點沒有影響她的熱情。只為了要去幫助蘭嶼的達悟族人，能稍微地改善健康而感受到上帝的愛，她以七十歲的老人家之身，安穩地坐在船上，她說：「這時候最好的方式，就是向上帝祈禱，將生命交託在上帝手中，這樣就不用害怕了。因為每個人的生命都是在上帝手中。」

二〇〇二年時，她已經是九十二歲高齡，住在台北「三芝雙連安養中心」，每當有人跟她提起蘭嶼，她就會問：什麼時候要去？其實沒有人說要去，只是提起蘭嶼的達悟族人反對核廢料擺在那邊的新聞而已。每當聽到這種回答，她總是嘆口氣，然後默默地離開。

在安養中心度過生命的餘年，其實她並不是很喜歡，因為從小就很獨立且喜歡參加公眾活動的她，總覺得三芝距離台北市區很遠，無法參與許多她喜歡的社會公益活動。但好學的她，還是把握機會盡量閱讀，她說：「在三芝這裡唯一的好處，就是環境清淨、寬敞，是個讀書的好地方。」

她臥室裡擺著不少書，都是與現今世界脈動有關的書籍，有中文的，更多是日文的。她說：「只有這樣不斷地閱讀，才不會因為年老，而讓自己的腦筋遲鈍下來。」

她這樣說，是在表明只有更多的閱讀，才不會讓自己真的老化，導致自身想法跟時代脫節。她說：「人最大的孤獨，就是被時代遠遠拋在背後。」

八十歲以前的林蔡娩女士，積極參與藥師公會舉辦的各種活動，很熱心地推薦年輕一代的藥師，鼓勵他們勇於承擔公會的理事一職，也鼓勵年輕人走向世界。晚年的林蔡娩女士，有一段時間都是她的兒子林二先生陪伴著。二〇〇一年五月十八日，政府頒給她第十一屆「醫療奉獻獎」，肯定她在台灣藥界的努力和對貧困地區蘭嶼的愛心，以及在樂山療養院的協助和奉獻。

有人這樣形容林蔡娩女士：「她是個渾身上下充滿旺盛的生命力和熱忱，即使生活在非常惡劣的環境下也不會屈服的人。」這樣的精神，以及她讓生命發光發熱的方式，都是我們應該好好學習的極佳模範。

26 馬祖人心中的媽祖化身——石仁愛修女

媽祖是台灣人普遍敬仰的民間神明，但有一個人卻被馬祖人稱作他們心中真正的媽祖，這人就是被馬祖鄉親們親暱地稱為「姆姆」、奉獻一生的愛在馬祖的石仁愛修女（Madelaine Severens）。

在國民黨政府的時代，馬祖是非常接近中國、位處最前線的戰地要塞。在這個隨時有可能引發戰爭的小島上，有一位來自比利時天主教「聖母聖心傳教修女會」（Missionary Sisters of the Immaculate Heart of Mary）的修女，就是石仁愛修女。

石修女士是在一九一八年出生於比利時，在一九四二年十一月十日加入「聖母聖心傳教修女會」。這個修女會的特色，就是完成受訓之後，都要差派到外國去服務，而且一旦差派到外國去，就不會再有回到自己國家的機會。石修女是先受過高級護理和助產特殊教育之後，才進入修會，並且在經過三年修院的訓練後，在一九四五年，也就是她二十七歲那年發終生願，正式成為修女。

一九四七年，她受修會的差派，到剛經過戰火洗禮的中國去服務。從一九四八年開始，她在河北省的張家口天主教醫院服務，同年九月，轉往內蒙古的綏遠。每天除了幫忙醫院的護理工作外，也要幫忙接生助產的工作。但沒多久，中國共產黨下令，所有外籍宣教師都必須在一九五一年底之前離開中國。石修女因為不相信這個命令、拒絕離開，就跟其他外籍宣教師一起被捕，關入監獄長達兩年半時間。她說：「被關在監獄的那段時間裡，我唯一能做的事，就是向上帝祈禱。只要聽到任何消息，都可以用來當作祈禱的功課。」一直到一九五三年五月，她才被釋放出來，回比利時。

回到比利時後，她同樣受派在醫院服務，然後去進修護理和助產的新功課。經過十三年之後，也就是在一九六六年，她受差派來到台灣，在台北天主教聖若瑟醫院（就是今天的天主教耕莘醫院）當助產士，一直待到一九七三年十月。之後，她被差派到金門的金城醫院服務，那時幾乎每個禮拜都要接生二十五個小孩。忙碌的接生工作並沒有使她累倒或想要休息，她跟平時一樣，每個禮拜六的清晨就到教會去打掃禮拜堂，以及整理廚房。

三年後，也就是一九七六年，由於馬祖的天主教會缺乏神職人員，石修女因此被差派去協助馬祖的天主教會，並且幫助剛興建起來的天主教附設「海星診所」。就這樣，她在馬祖的南竿島上生活和工作了長達二十五年的時間。

當時馬祖沒有機場，每個月只有兩艘運輸艦送補給品到馬祖。照理來說，在這島上，她對所有事物都是完全陌生的，也不認識島上任何一個人。但她一下船，整理好行囊之後兩天，就開始像是早期出診的醫師一樣，拿著一個手提袋，裡面裝著藥品和聽診器，然後在村子裡挨家挨戶去拜訪，逢人便說：「你好不好？」態度十分自然、熟稔，一點也看不出她才剛抵達這個陌生之地。

起先大家看見這位外國來的修女，都覺得很稀奇，但看久了之後，就知道她是一個護理人員，不但會看病，還是個會接生的助產士。

後來，她發現島上有許多小孩，為了接近這些小孩，她開始在手提袋內放一些糖果、餅乾，每次看到小孩就給他們吃。她總是像在叮嚀什麼事一樣地告訴村民：「若是生病了，可以來海星診所找我，如果要生孩子，我會接生，來叫我就好，我會幫忙。」就這樣，她負責的「海星診所」開始熱鬧起來，每天都有很多人來求診，從小孩到老人，從男人受傷、生病到女人產檢、接生，她幾乎包攬了全科醫師的角色和工作。

馬祖的守護天使

在一九八三年，國民黨政府在馬祖設立醫院，交通也順暢了許多，但馬祖人還是喜歡到海星診所去看她，而只要有人到診所來，她都是這句話：「歡迎，來，來，歡迎你來！」她的熱誠與慈愛，加上她說華語的口音並不怎麼清楚，反而讓馬祖人覺得她很可愛，有一種親切感，於是馬祖人無論大小都稱她「姆姆」，這是對修女的稱呼，也是說她是馬祖人的「保護天使、阿媽」。

一九九二年，馬祖卸下軍事戰地的角色，轉換成「大陸地區人民處理中心」（一般都稱為「靖廬」），專事收容那些從中國地區偷渡到台灣來，被抓到之後準備遣返的人。石修女走進靖廬中心，去幫助那些等待遣返的中國人。在她的心中只有一個理念：只要是人，都是上帝所喜愛的兒女，大家都是兄弟姊妹。

因為她曾在中國共產黨控制下被關了兩年半時間，很瞭解那種被關在監獄中的感受，所以特別容易體會靖廬中那些人的心境。也因為她頻頻前去探訪和關心，使得那些原本心裡急躁、擔憂不安的中國人，心靈獲得很大的慰藉。石修女說：「耶穌會使人的心靈獲得平安。」

除了去靖廬，石修女也去監獄和軍方看守所探望受刑人。每當聽到她接近的腳步聲，就會有人大聲喊說：「姆姆來囉！」她聽到有人這樣大喊，總是充滿元氣地說：「大家好喔！」想想看，被關在靖廬、監獄、看守所裡的人，誰會說「好」？可是當這些被關的人聽到石修女說「大家好喔」的時候，他們都會用很高興、欣慰的語氣大聲說：「我們很好！謝謝姆姆來看我們！」除了石修女之外，沒有任何一個官員或看守人員能夠聽到這樣有精神的聲音、這樣親暱的回答。

在馬祖島上長達二十五年時間，石修女只要出門，手上總是提著一個袋子，裡面一定會放著各式藥物、營養品，以及小孩子最喜歡的糖果、餅乾。有人問她：為什麼一定要帶這些東西，這樣不是「虧」很大嗎？石修女總是這樣回答：「能夠給予別人，別人就會回報給你。」石修女說的這句話，跟聖經記載使徒保羅對以弗所教會代表所說的意思相同，使徒保羅這樣說：「我在各樣事上給你們留下榜樣，告訴你們應該這樣勤勞工作來幫助軟弱的人。要記得主耶穌親自說過的話：『施比受更為有福。』」（使徒行傳20:35）

石修女告訴馬祖的人說，她隨身攜帶的袋子裡面永遠有東西，全都是天父賞賜的，只要有天父，永遠就不會短缺。

一九九六年台灣總統選舉前夕，台海危機持續升高，傳聞中共將武力奪取馬祖東莒島，很多馬祖民眾紛紛離開，東、西莒島上幾乎十室九空。而南竿島上備受歡迎的石修女，她曾經在中國大陸服務，也被中國共產黨關過，由於台海危機，她的海外親人都擔憂不已，紛紛打電話來關心，但她認為沒有理由離開南竿。美聯社的記者問石修女：「你不害怕嗎？為什麼不離開呢？」她回答記者說：「馬祖的人也這樣問我，姆姆你不害怕嗎？我說不會，我說上帝會幫助我們。」

從一九七六年開始，一晃眼就是二十五年的時間。不僅馬祖人都認識她，連去那裡當兵的人也都認識她，甚至是偷渡到台灣、在靖廬等待遣返的中國人也都認識她。

二〇〇一年五月，也就是她八十三歲時，她被差會調回比利時，並定居在魯汶聖母聖心院過晚年生活，離開了這個她奉獻生命與愛的馬祖島。島上居民送她到機場時，很感恩又不捨地說：「姆姆，你就像是我們馬祖島上的媽祖。」馬祖人為了紀念石仁愛修女對他們的愛，把南竿一條道路命名為「石姆姆路」。

二〇一〇年六月四日，石仁愛修女在比利時安息回天家，享年九十二歲。今天在馬祖天主堂有一座紀念姆姆的雕像，她確實是值得大家懷念的一位愛台灣、愛馬祖同胞的修女。

27 感動麥克阿瑟將軍的傳道者——郭馬西牧師

許多來到台灣的早期宣教師，無論在學術上或是品格涵養上，都可說是佼佼者，不僅在專業方面都是傑出人才，在傳福音的工作上更是用生命的力量全力以赴。也因為這樣，當他們回國述職時，就會感動更多新生代接續到世界各地去，透過他們擁有的才能，將福音廣傳出去。

現在來介紹一位長老教會相當傑出的傳道者——郭馬西牧師。他是一位相當優秀的人才，卻因為要傳福音的緣故，放下身段，展現出傳道者的典範，是基督宗教所說的一位好的牧者。

郭馬西牧師是在一八九二年十一月十三日出生於台北士林社子，父親也是長老教會早期的牧師。小時候，他上社子公學校，畢業後，在一九〇六年進入台北神學院（今天的「台灣神學院」）就讀，一九一二年畢業後，被派往苗栗公館傳福音，那裡是客家人的聚落，因此，他開始向當地人學習客家語言，以利傳道的工作。

在苗栗公館兩年時間，之後郭馬西牧師前往日本留學。因為當時日本的神學院並不承認台北神學院的學制，因此，郭馬西牧師就先在京都「同志社中學」補修學分，然後轉到東京明治學院高等學校進修，畢業後就進入「明治神學院」就讀。由於成績相當優秀，他在一九二一年畢業後，被推薦去美國紐約「歐本」（Auburn）和「協和」（Union）兩所神學院就讀。

有趣的是，美國神學院也不承認日本神學院的學歷，因此，郭馬西牧師在美國又得重修許多早在日本已經學習過的神學課程。畢業後，他並沒有馬上回來台灣，而是轉到紐約「哥倫比亞大學」去研讀人類學、南島語言。他會選擇學習南島語言是有原因的，因為他想要去南洋各地傳福音，他一直有一種「使命感」，覺得上帝對他的呼召，就是要他到南洋各地傳福音。

一九二七年，他在美國完成學業之後回國，隨即和曾接受師範教育、家住台南的葉水樹女士結婚，並在他的母校台北神學校教書。但他對這份工作不是很有興趣，還是積極地想去南洋傳福音。為了達成他的心願，牧師娘就變賣所有的嫁妝，籌到經費，讓他可以在一九二九年至一九三三年這四年時間，夫婦一起到緬甸、新加坡，以及中國沿海等地。因為是自己去，不是教會差派，一切費用必須自行負擔，牧師娘這麼做，可真的是為了傳福音而變賣了身上所有的財物。

從南洋回來後，郭馬西牧師受聘前往日本東京，擔任「台灣基督教青年會宗教部主任」，和妻子兩人扮演著如同父母一樣的角色，照顧在日本留學的學生。有任何問題，他們夫婦都會主動去關心，不論學生是否有信耶穌，都一視同仁。很快地，台灣的留學生之間口耳相傳，大家都說郭馬西牧師夫婦就是留學生的「補給站」，也是「協談中心」，甚至留學生需要保證人時，他都會給予幫助。

郭馬西牧師夫婦經常是清晨起來，準備好中午要吃的飯團，而且常常是多準備了好幾份，然後背著尚且稚齡的孩子，搭電車去各處訪視台灣的留學生。東京腹地廣闊，往往這樣一出門，就直到天黑了才帶著疲憊的身軀回到宿舍。有的留學生居住在別的縣市，他們夫婦也會不辭辛勞地去探訪，帶著飯團和留學生一起享用。

他們最常問學生的問題是：「有沒有寫信回去台灣給父母？」若是沒有，他們就會當場拿出隨身準備好的明信片，要他們寫好，然後帶回東京郵寄。只要是基督徒留學生，他們就會問說：「有沒有讀聖經？」他們總是跟學生說，每天讀一段聖經，省思上帝的話，一定會有幫助。可以想像得到，他們都會帶領學生讀一段聖經，也帶領學生一起祈禱。

無微不至的愛

在日本工作期間，曾發生過一件事被媒體報導，使郭馬西牧師在當地出了名。就是有一天他在等電車時，電車正要準備進站，就在這時，有一個女子突然衝上前，竟然打算跳下鐵軌自殺。月台上的民眾都還來不及反應，人們一片慌亂，郭馬西牧師毫不猶豫地率先跳下去，趕緊將這女子拉了上來，許多民眾也跟著伸手幫忙他們，此時站務人員才趕快跑過來處理。隔天，日本最有名的《讀賣新聞》就報導了這則消息。

郭馬西牧師還有另外一件事也經常被人提起，就是一位到日本去的女子，因為失戀開瓦斯自殺，死在租來的公寓裡，但沒有人注意，經過一個禮拜後才被發現，也沒有任何人去探視。這時，郭馬西牧師就主動前往為這位女子更衣、料理後事。這件事後來被刊登在長榮中學建校一百週年的紀念特刊上，由劉青眼校長執筆撰寫。

郭馬西牧師對台灣留學生無微不至的愛，也可從另一件事看出來。就是他們夫婦的宿舍經常舉行查經班、小型聚會，牧師娘都會準備餐點，讓前來參加聚會的留學生可以吃過之後才回家，有時因為太晚，也會有學生留下來過夜。有一次，有位醫科留學生很可能因為感染肺結核，咳嗽時有出血，郭馬西牧師便讓他留下來過夜休息。牧師娘因為家裡還有幾個稚齡的孩子，擔心病會傳染，就提醒郭牧師這樣是否妥當。但郭牧師還是沒有讓醫科留學生回去，而是留在身邊親自照顧，直到學生康復起來。

一九四一年，日本發動對美國戰爭期間，郭馬西牧師因為曾經留學美國，被日本政府懷疑有「間諜」身分而派警察和情報人員緊盯著他，有時也會要求他到警察局報到，報告自己的行蹤。有不少在日本的留學生也因為和郭馬西牧師夫婦來往過密而同樣遭遇到日本情治單位的騷擾，有的留學生因此不敢再到郭馬西牧師的家去聚會。但郭牧師很清楚一件事：自己沒有做任何違背信仰的事，上帝一定會保守看顧。他也告訴這些留學生，要他們勇敢，不用害怕。

一九四五年戰爭結束，當年的十二月六日，盟軍在日本的指揮總部為一百二十名有功的高級軍官舉辦贈勳宴會，盟軍知道郭馬西牧師曾在美國紐約協和神學院讀過神學，也是傳道者，就邀請他在贈勳宴會中舉行感恩禮拜。郭牧師透過講道，勸勉盟軍指揮將領們：會寬恕，會疼愛仇敵，才是見證耶穌之愛的基本方式。對在戰爭中死傷慘重的盟軍來說，這確實是一記很響的警鐘。在場聽講道的軍官無不動容，其中包括了聞名國際的盟軍指揮官——麥克阿瑟將軍。

宣教師們的牧師

第二次大戰結束後的隔年，郭馬西牧師夫婦準備要帶孩子舉家回故鄉台灣。他也呼籲滯留在日本、已經完成學業的台灣人一起回台灣。他主動去接洽美軍的艦隊司令，請求允許他們搭乘美軍的運輸艦回台灣。音樂家許常惠教授的姊姊和田彰子醫師在她的著作《神的庭園》中這樣記載道：

> 二次大戰後的一九四六年，郭馬西牧師召集許多台灣留學生回台灣，我也是其中的一位。我們一群留學生搭乘美軍的運輸艦船，在大海上六天的航行中，每天郭馬西牧師都會帶領全船的人，包括海軍官兵，以及像我們這些船上的乘客，一起舉行早上和夕陽禮拜。在我們當中，有許多人像我一樣，因為親眼目睹戰爭慘絕人寰的畫面和痛苦經歷，心靈受到創傷，但在船上的那六天，郭馬西牧師在禮拜中帶領

大家吟唱詩歌，聽他傳遞聖經的信息，以及他的禱告，使我們這些年輕留學生心靈受到相當大的慰藉。

從日本回到台灣的隔年，也就是一九四七年，台北中山長老教會聘請他當駐堂傳道者，並且由台北中會封立為牧師，也允許他去台北神學校兼課、教授學生。台北中山教會對郭馬西牧師相當禮遇，讓他可以參與教會外面的各種活動，因為知道郭馬西牧師在日本、南洋各地傳福音都是不受限制的。也因此，郭馬西牧師積極參與當時非常活躍的「台灣文化協會」，在協會的多次活動中，他都主動要求讓他上台講幾句聖經的話語，並且帶領協會祈禱。雖然協會成員中有許多非基督徒，但大家都對他相當尊重。

戰後不久，有一次，日本駐台灣大使館為死在戰爭中的日本兵舉行追思紀念法會，邀請從日本來的高僧參加。郭牧師知道之後，隨即去和日本大使交涉，說這些死去的軍人當中也有一些人是基督徒，應該也要有牧師來為這些軍人祈禱。日本大使覺得郭牧師所說有道理，就同意他這麼做，法會結束後，他還和那群來自日本的高僧合影。從這裡就可以看出，郭馬西牧師是個「行動派」傳道者，不是消極在教會裡等人家來找他。

戰後的台灣社會，使用日語的人很多，尤其是原住民傳道者，到平地來洽公辦事幾乎都是講日語。那時會講華語的傳道者非常少，因此，只要郭馬西牧師知道有原住民傳道者來到台北，就會主動聯繫他們到中山長老教會，用日語講道，也親自替這些原住民傳道者翻譯。原住民的傳道者之間彼此分享消息，於是，每次有原住民傳道者來到台北，就會主動聯絡郭馬西牧師，或是到中山長老教會參加主日禮拜。

郭馬西牧師不但非常善待從山上下來的原住民傳道者，也主動成為從歐美來的外籍宣教師的好朋友。因為台灣和歐美國家可說是完全不一樣的文化環境，不僅是語言問題而已，更嚴重的是生活方式，往往讓一些宣教師適應困難。郭馬西牧師很清楚這種文化差異會帶來的壓力，因此，他主動去關心外籍宣教師，常常邀請他們到家裡作客，詢問他們和他們的孩子有沒有什麼問題，隨時伸出援手。後來有一位退休後回加拿大的苗爾甘牧師（Rev. Geroge Malcolm）就說：「郭牧師是我們宣教師的牧師。」

郭馬西牧師對原住民傳道者、外籍宣教士非常大方，對他自己卻相當節儉。以他的語言能力，當時只要租個房子開英文、日文補習班，必定會賺大錢。但他不是這樣的傳道者，他從他父親郭希信牧師的身上學到，怎樣使自己在簡單的物質生活中，卻過著心靈很飽足的日子。

他一直認為能傳福音，就是最大的喜樂和滿足，更重要的，這是他獻身當傳道者應該有的職責。因此，他每禮拜有三天會拿著唱片和電唱機，到廣播電台去播放福音詩歌，也傳講福音信息。只要有人想要讀聖經，他就去，雖然有人是想跟他學「免費的英語」而請他開英語查經班，他也開，他認為這就是傳福音的好機會，只要有人想要讀聖經，就算自己被利用去教英語也甘願。

全身都是傳福音的「細胞」

有一次，有一位會友注意到郭馬西牧師穿的鞋子鞋底已經破舊了，心想郭牧師平時都很節儉、樸實，卻要經常接待客人，應該要有一雙新的皮鞋比較好，於是就用信封裝著錢，裡面寫封信，請牧師帶牧師娘一起去買雙鞋子穿。但過了一陣子，這位會友發現郭馬西牧師還是一樣穿著那雙舊皮鞋，心中不禁感到納悶。

後來有一天，有一位青年到教會參加聚會，穿著新皮鞋，大家正在欣賞時，他才說因為郭馬西牧師看見他穿的皮鞋破了，就送了這雙新皮鞋給他。團契的大家覺得很奇怪，郭牧師自己的鞋子也破舊了，怎麼自己沒有換新鞋，反而給這青年買新鞋呢？郭牧師聽到之後說：「你們年輕人常常在外面奔波、忙碌事業，需要見客戶，有一雙好又體面的鞋子，比我這個老人更需要。」

送錢給郭牧師買鞋子的會友，他的兒子也是青年團契的契友，直到他兒子回家分享這件事，他才終於知道郭牧師沒有換新鞋的原因，並且深受感動。於是他也學習這樣的生活態度：自己年老了，不需要什麼裝扮，可以將自己能力所及、有餘的，用來幫助年輕一代！

郭馬西牧師對書的喜愛，可以從他買書的熱情看得出來。他的藏書非常多，出門時口袋中一定會帶英、德文二本聖經。他不僅自己買書來讀，看見好書，也會買來送給喜歡讀書的親朋好友，特別是教會的年輕人。他總是這樣勸勉年輕人：「多讀幾本書，會使自己更清楚生命的意義。」當然，這種所謂的「幾本書」，是指有意義的好書。我們都知道，好書可流傳好多年，跟一般在談投資理財、保持健康的書是大不相同的。他也說：「真正的好書，會幫助我們思路清楚，不會受到誘惑。而全世界最好的書，就是聖經。」

經常有會友或是跟他交談的地方人士，喜歡問他各種信仰相關的問題，例如：基督宗教為什麼有這麼多的教派？既然都是相信同樣的上帝，那上帝為什麼會允許那麼多不同教派存在，而且這些教派彼此之間還會發生種種問題？郭馬西牧師聽了之後，總是笑著回答說：「你看山上的花，有白、紅、黃等不同的顏色，上帝賜予一樣的陽光、雨水，讓它們一樣地長大，它們卻長成各種不同的樣子，不是嗎？」簡單卻很容易明白的道理。類似這種問題很多，他總是很容易就讓提問的人獲得解答。

他甚少關心家裡物質生活欠缺的問題，若有人問他這方面的事，他都會說：「一切交給上帝，祂會照顧。」果真是這樣，上帝真的照顧他，使他八個孩子（五男三女）個個都是學有專長，在我們社會上很有成就與貢獻。話雖如此，牧師娘葉水樹女士確實是個非常優秀的女性，她幾乎承攬了家裡生活所需要的一切，正如聖經〈箴言〉31章10至31節所稱頌的「才德的妻子」一樣。

一九六六年七月六日，郭馬西牧師安息回天家，享年七十五歲。他是長老教會中很傑出的一位傳道者，在他的身上，可以說全身都是傳福音的「細胞」。若能學習他生活簡單、心靈卻飽足的精神與做法，那是多麼有福啊！

28 拯救無數生命的公共衛生之父——陳拱北教授

每當談到台灣的公共衛生，就會令我們想到貢獻甚大的陳拱北教授。

陳拱北教授在一九一七年十二月二十七日出生於台北松山的基督徒家庭。他自小就有濃厚的基督徒信仰情操，從兒童主日學校開始，就立志將來要學習耶穌，用行醫方式來見證上帝在耶穌裡的愛。因此，他在一九三二年負笈日本東京，一九四一年（東亞戰爭爆發的那一年）和柯秀貞女士結婚，隨後在隔年自日本慶應大學醫學院畢業。之後，在一九四三年返台。

他們夫婦返台後，陳拱北教授為了將來的前途，確實考慮了很久。因為那時候開「醫生館」可以賺很多錢，他的父親（松山教會的陳復禮長老）也不時催促他趕快開業，但他的志願不在這裡，因此感到相當煩惱。

他們夫婦心裡有著很清楚的理念，兩人都有感於當時台灣公共衛生觀念非常貧乏，柯秀貞女士便對丈夫說：「你對群體醫療、公共衛生有興趣，就放手去做吧。」為了這件事，柯秀貞女士被公公埋怨了好一陣子。但當陳拱北教授下定決心之後，他的父母也就不再勉強。陳拱北教授後來的貢獻與成就，可說是夫人柯秀貞女士給予極大鼓舞的結果。

那時候，他在台大當助教，薪水相當微薄，沒有米糧的配給，也沒有錢買肉，可是在柯秀貞女士的全力支持下，日子還是照樣地過。五年內，他從助教到講師，接著升等到副教授。也是在同一年，他獲得「美援會」的資助，成為第一批台灣派出去赴美的留學生。他選擇到明尼蘇達大學去做研究，專研的科目正是「公共衛生」。他在美國進修一年後，就回來台大醫學院執教。

一九五五年，他獲聘為台大醫學院教授，並接掌台大醫學院公共衛生科主任及台大公共衛生研究所所長。此後的十七年光景，他將台灣的公共衛生水準大幅提高，從無到有，建立了所謂「預防醫學」的研究工作，一直到一九七二年卸任為止。在他手下栽培出許多傑出的門生，投入改善台灣公共衛生的環境，並在台灣各地栽培推動改善公共衛生的人才。

一九五〇年代的末期，在台灣西南沿海的北門、布袋、學甲和義竹等地區，開始出現大量「烏腳病」的病例。被譽為「烏腳病之父」的王金河醫師指出嘉南地區沿海地帶烏腳病嚴重攀升的報告，陳拱北教授獲得這項資訊之後，就趕緊率領一組醫藥衛生工作團隊專程南下，到台南病例猖獗的地區進行實地調查，陳教授親自帶領團隊取飲水的樣本，日夜研究，並且帶病人回台大醫院進行臨床治療，和病理科同仁進行病理研究。

在陳拱北教授帶領下，研究團隊發現在西南沿海烏腳病流行鄉鎮的居民使用兩種井水：一種是可以直接用桶子取水的淺井水，另一種是與地下水層接觸的深井水，也是當地人大多飲用的井水。但奇怪的是：喝這種深井水的人，特別容易得到烏腳病，相對地，喝淺井水而患烏腳病的人就比較少。

這個發現非常重要，因為這樣就可以從水質去做分析和研究。當研究團隊進一步分析深井水和淺井水的差異時，終於發現深井水的砷含量特別高，確知烏腳病和飲用的水有密切關係，因此，只要不再喝當地的深井水，就可根除該病。於是，陳拱北教授就將研究結果提出，向當時主政者提出他誠懇的建言：乾淨的水，對於雲嘉南沿海地帶的民眾的生存非常重要，也是攸關國家、社會安全的要素之一，這就是公共衛生關鍵的一環。

他提出的報告，被認為是台灣流行病學經典之作，於是當時中央政府就下令「省政府衛生處」依據陳拱北教授所帶領的團隊之研究，開始著手將烏山頭水庫和德基水庫的水，引流到西南沿海烏腳病盛行地區，使上述地區的鄉鎮居民不再飲用含砷量過高的水，這樣一來，烏腳病就不再流行於當地。

三大重要貢獻

親身關心台灣社會的重大醫藥問題，一直是陳拱北教授最令人感動的地方。他不是坐在研究室等別人送來樣本做研究，也不是站在課堂裡高談闊論，而是親自帶隊去進行田野調查，他是一位會放下身段、親自貼近土地，也用手觸摸土地、用鼻孔貼在土地上嗅聞土地味道的學者。

前副總統陳建仁先生曾經表示，國內的烏腳病預防和B型肝炎疫苗接種等重大政策的推動，都和陳拱北教授有著密切關係，他對台灣公衛的貢獻毋庸置疑。陳建仁先生這樣說：「當時，我們在課程學習之外，還必須接受公共衛生實務的實習訓練，這項訓練的壓軸大戲，就是每學年寒暑假的公共衛生服務隊。我記得第一次的公共衛生服務隊，是由陳拱北教授當領隊。

「陳教授全程帶領這群公衛學子到雲林湖口和屏東東港進行社區服務，我們或住在寺廟香客客房，或借住小學教室，大家不畏艱難，努力推廣家庭計畫、社區預防醫學，使得偏遠地區的居民，能夠擁有正確的公共衛生知識、態度和行為。我們每到一個鄉鎮，一定會有陳教授的學生前來接待我們這群學弟學妹，由此可見陳教授是多麼具有魅力了！」

台大公衛學院的陳為堅院長指出，陳拱北教授在一九七六年便預測未來將實施全民健保，一九七七年他到日本演講的題目是「台灣的老人問題及其對策」，可見其高瞻遠矚。他極富遠見，早就看出台灣社會未來的遠景與問題，用他身為知識分子的良知，為台灣奠下最好的公共衛生基礎，才讓我們今天免於遭受嚴重傳染病的威脅。

除了在烏腳病防治工作有很大的貢獻外，陳拱北教授的另一個重大貢獻，就是發現台灣人因為缺「碘」，導致普遍患有「地方性甲狀腺腫大」的問題，而且他也發現，在部分偏遠山區，這種病有顯著偏高的盛行率。

他在「聯合國兒童基金會」（UNICEF）的資助下，於一九五五年開始投入這項長達三年的社區實驗研究。在開始研究的頭一、二年裡，他和研究團隊常常到新竹地區視察，經過一連串的實地調查後，他發現：新竹六家地區和芎林鄉地區，一般人的甲狀腺腫盛行率在百分之三十到五十之間，學童的盛行率更高達百分之四十五到八十。但與這兩個地區僅一水之隔的竹東近郊，卻只有百分之十到二十。

經過仔細研判後，陳拱北教授大膽嘗試，在新竹地區居民的食用鹽中加碘，發現這樣確實可降低地方性甲狀腺腫大的盛行率。由於成效良好，食鹽加碘很快地推廣到台灣各地，使得病症得以有效控制。他的這項計畫獲得農復會支持，於是從一九五八年開始在全國實施，前後歷時三年，成效相當顯著。

這是台灣慢性病防治極為成功的典範，也奠定了台灣全面食鹽加碘的學理基礎，可說是陳拱北教授在公共衛生上最重要的貢獻。

陳拱北教授的第三個貢獻，就是發現台灣肺結核病的比例相當高，於是他又開始帶一群公共衛生工作者，用X光巡迴車的方式，到全國各地的國小、村莊去做免費檢查，而大大降低肺結核病的擴散。

他同時也推動和建立癌症流行病學的研究，為今日醫學在癌症研究上奠定良好的基礎。他和林東明教授可說是台灣癌症流行病學研究的拓荒者；林教授是以鼻咽癌與乳癌的研究聞名國際，而陳拱北教授則是完成台灣第一本「癌症死亡率地圖」。在「癌症地圖」尚未付梓前，陳拱北教授已經罹患胰臟癌而住院，他在病榻中仍念念不忘這件事。這本地圖集是在他過世後，才由國科會印製發行。

這本「癌症地圖」是探討研究癌症成因的重要工具，後來陳建仁先生就曾帶領他的研究團隊進行十二鄉鎮長期追蹤研究，也是根據這本癌症地圖來選定研究地區。

站在第一線的教育者

陳拱北教授不但在國內推動公共衛生不遺餘力，在國際上只要是有關公共衛生的事，提起「KP CHENG」，聽到這名字的人都會豎起大姆指。

一九六〇年，陳拱北教授再度獲得「美援會」的資助，前往美國哈佛大學公共衛生學院研修十四個月；隨後再由聯合國「世界衛生組織」資助，赴歐洲考察公共衛生教學，以後也被聘擔任聯合國世界衛生組織的顧問。一九六六年十二月到翌年的四月，在越戰打得正熾熱時，陳拱北教授就曾應世界衛生組織之邀，派駐越南指導當地改革公共衛生行政及改善鄉村衛生的工作。

一九七七年的冬天，陳拱北教授突然覺得身體不太舒服，到台大醫院檢查，竟被診斷出至今依舊是最難纏的胰臟癌。醫院同事立即要求他住院診治，並由當時的外科主任許書劍教授為其開刀治療，卻為時已晚。他在入院的前一天，還公開進行一場防癌的演講，沒想到自己最後竟然是被癌症結束了在世上六十一年的旅程。他的去世，令台大醫學院所有師生和台灣醫界都非常難過。

陳拱北教授為人師表，至今令人難忘。他的身教言教讓許多學生成長茁壯，更努力學習他，成為一個終生「以公共衛生為榮，以服務人群為樂」的公衛人。

他被醫界人士稱為「台灣的公共衛生之父」，門下學生無數，但他不僅是為學生上課而已，更難能可貴的，是他每年都會親自帶領學生到偏遠鄉鎮，投入醫療衛生服務的工作，不但自己親身體驗，也幫助學生體驗和認識在偏遠地區、山地、離島等地區第一線公共衛生的實務。他的身教言教、多方鼓勵，讓學生從他身上就可以看見一位醫療教育工作者該有的身影。也因為這樣，這些畢業生中有不少人具有高度服務情懷，對台灣公共衛生的發展及國人健康的增進，有非常大的貢獻。

陳拱北教授是虔誠的基督徒，也是台北松山長老教會的長老。不論他的工作多麼忙碌，他總是沒有忘記敬拜上帝是生命中最重要的事。他認為唯有這樣，才能使他獲得新的力量，持續奉獻上帝賞賜給他的智慧和勇氣。他說：「當一個人能將一生的生命活出耶穌基督愛世人的精神，致力於關懷弱勢以及偏鄉民眾的健康，就是在回應上帝揀選他的愛。」

陳拱北教授確實是用一生的生命之力在付出，他是為了改進台灣公共衛生而貢獻心力的教育家，也是台灣公共衛生學界從無到有的開拓者，為台灣樹立了菁英的典範。前台大公共衛生學院院長江東亮教授也說，陳教授在生前曾告訴他：「公共衛生可以一次保護許多人的健康，拯救許多人的生命，期待大家要有先驅者精神。」

耶穌說：「我鄭重地告訴你們，一粒麥子不落在地裡，死了，仍舊是一粒；如果死了，就結出許多子粒來。那愛惜自己生命的，要喪失生命；願意犧牲自己在這世上的生命的，反而要保存這生命到永生。」（約翰福音 12:24-25）陳拱北教授確實活出了耶穌所教導的這個榜樣，自己就像一粒麥子落在台灣這塊土地上，結出許許多多的子粒來。

29 獻給澎湖半個世紀的愛——何義士修士

如果你有機會到宜蘭羅東去，就會知道當地有一間非常有名的「聖母醫院」，該院是「義大利天主教靈醫會」在一九五二年所建立的醫院。這間醫院出了很多令人感動的醫師，而何義士修士（Br. Davide Luigi Giordan）就是一位值得我們感念的醫師。

何義士修士是在一九二四年八月六日出生於義大利的東北維內托省（Veneto）的一個小村落。他在十二歲時立志要當傳道者，進入靈醫會照顧病人，二十歲就正式成為靈醫會的會士。他很清楚以後的修士生活要堅守三大守則：守貧、貞潔、服從，後來他自己又加上了第四項，就是「仁愛」。他說「仁愛」就是表示願意為病人犧牲一切，即使是遇到有高度傳染性的病人來就醫，也不會排斥或是拒絕。

後來他進入羅馬「馬爾大醫專」讀書，畢業後正式成為靈醫會的醫師。他先在一九四七年到中國的雲南去從事醫療服務的工作，在那裡看見許多痲瘋病人被政府趕入深山中自生自滅，馬上決定要實踐自己所發的第四願「仁愛」。因此，他主動進入深山中，和這些痲瘋病人生活在一起，治療、照顧他們。

一九四九年，他被中國共產黨以「外國間諜」的罪名逮捕、關入監牢，原因是共產黨認為他躲在深山內，假裝在關心痲瘋病人，其實是在搞「游擊訓練」。關了一年之後，在一九五〇年將他遞解出境，就這樣，他回到自己的國家義大利。

因為已經不能再回到中國，於是在一九五二年，他跟其他幾位同為靈醫會的醫師們來到台灣，選擇在當時被認為偏遠、出入交通很不方便的宜蘭羅東落腳，開始為貧民服務。因為他的醫術相當好，又有獨立擔當的能力，因此靈醫會派他去羅東聖母醫院的分院，也就是「丸山療養院」擔任院長。在這裡，除了專門照顧感染肺結核病的病人外，也要照顧一些精神狀態出現問題的病人，醫院裡常常同時出現許多突發的病況，但相當老練的他對這些狀況都能應付自如。

在「丸山療養院」服務五年後，一九五八年，何義士修士主動申請遠赴澎湖，理由是他認為「羅東還不夠偏遠」，他真的是很特別的一位宣教師。他前後在台灣共計四十六年時間，其中有三十一年都是在澎湖「天主教惠民醫院」投入醫療服務的工作，另外十年在台北三重「聖母診所」服務。

澎湖的「惠民醫院」在一九五三年五月成立，原本名叫「瑪琍小診所」，因為收費相當低，澎湖人都喜歡去那裡就醫。何義士修士到了那裡之後，因為他留著長長的鬍鬚，澎湖人就給他取了一個外號，叫「鬍鬚仔醫師」（台語）。他一直在惠民醫院工作，直到他生命結束的那一天也沒有停歇，他就是中午在自己的診間休息時，安靜地回到天家。可以這麼說，他生命中最精華的歲月都是奉獻給台灣貧困的人民，特別是澎湖人。

尊重當地的民俗傳統

澎湖的交通相當不方便，因此，何義士修士都是騎著腳踏車到澎湖馬公本島和西嶼等島上看診，民眾對他的親切問候心懷感謝，暱稱他是「騎腳踏車的鬍鬚仔醫師」。每當有康復的病人稱呼他「我們的大鬍鬚仔醫師」時，他的內心都會有滿足感，因為這表示他和澎湖民眾之間有著密切的互動和緊密的關係。他看診時，喜歡和病人聊天，也利用這種機會來教育民眾正確的醫藥觀念。

當時澎湖群島上的居民，以漁業的相關行業最多。漁民的生活方式、教育水平和衛生保健觀念都不佳，使得他們染上肺結核及肝病的情況也格外普遍。除此之外，漁民特殊的宗教信仰和民俗傳統，也讓何義士修士的感觸特別深刻。當時澎湖縣總人口約十一萬，大小廟宇卻達四百座左右，每座廟寺的建築，無不精彫細琢、雄偉壯觀，宗教氣氛相當濃厚。無論什麼事，民眾總是喜歡到廟裡去求神問卜，每逢生病時，廟裡的法師總是喜歡給居民喝符水治病。

何修士說：「有些漁民對於家中的大小事情，全仰望神明指示；做生意、結婚、求學、治病，完全聽信乩童的吩咐，甚至應該住進哪家醫院、由哪位醫師看診，也完全交付神明化身的乩童安排。」即使是這樣，何修士並不會取笑病人，而會懷著同理心看待他們，然後對他們說：「我也相信神明會照顧你們啦，但若是加上西藥一起治療，這樣的療效會更好喔！」漸漸地，民眾對何修士有了信任感。

有一次有位病人到醫院來看診，在候診室聽到何修士和病人及家屬談話，有時用台語、有時也用華語，用雙語並進的方式解釋病情，診間外面人們就議論紛紛：「這個『阿凸仔』很會講喔！」他在診室聽見了，就大聲喊說：「我又不是啞巴，當然會講話啊！」而對那些很不聽話的病人，他有時會很不客氣地說：「現在花小錢看病，以後就不用花大錢買棺材了！」他講的這些話，都會很快被澎湖人傳開來，甚至被引用當作警惕的話語。

何義士修士很清楚台灣人有個傳統習俗，希望讓親人在家裡終老，因此，當親人的病情垂危時，總是希望為親人留一口氣，等到送回家裡才過世，不要在醫院臨終。有一次何義士修士遇到一個例子，就是有個老年人已經在醫院去世了，但家人卻都拒絕接受。於是何義士修士就用車子載過世的老人到他的家門口，然後一邊扶、一邊抱著這個老人家「走」進屋內，接受子孫圍繞在老人家身邊跟他說東說西的，之後，他才宣布這老人去世的時間。

何義士修士在一九八三年接任惠民醫院的院長一職。他上任之後，將惠民醫院的功能擴展到辦理公保、勞保、農保、貧戶及一般民眾醫療作業，對於內科以外的重大病患，他都會採取迅速的轉診。他深知澎湖群島特殊的地理環境、逐年老化的人口、交通不便、氣候變化很大，以及醫療資源嚴重缺乏等問題，澎湖居民的疾病苦痛，他深深體會得到，而這也是他會在澎湖惠民醫院服務長達三十一年之因。

很少人注意到，何義士修士之所以選擇到澎湖投入醫療服務的工作，還有另一個重要因素，就是因為他過去曾在中國的雲南省投入關懷痲瘋病人的醫療服務工作，後來知道澎湖也有許多痲瘋病人，且知道有一位信義會的美國宣教師白寶珠姑娘也在澎湖投入痲瘋病醫治工作，因此，他認為應該參與這項醫療服務的工作。可以說，澎湖能夠順利終結痲瘋病，除了白寶珠姑娘的努力外，另一個功臣就是何義士修士。

服務到生命最後一刻

從馬公到白沙，何義士修士總是騎著腳踏車，行過跨越海溝的中正橋、永安橋，輾轉在澎湖各地行醫傳教，以救人性命的愛傳遞基督宗教福音的信息。他說過這樣的話：「澎湖馬公是我這一生中，停留最久的城市，也是我的一個家鄉。」

由黑鬍子到白鬍子，從壯年到老年，何義士修士一生最精華的歲月都奉獻在澎湖，他除了看診治病，也最能瞭解到澎湖人口老化而產生的問題，屬於年長者慢性病的糖尿病、中風、痛風、關節炎、老人痴呆症等等，都有逐年增多的現象。他不只能體會老人患上慢性病的苦楚，更對澎湖擁有一份家鄉情懷。他預見了這些視他如同親兄弟的澎湖鄉親將來的醫療需求，因此，曾帶著懇切的語調說：「我老了，但願有更多台灣本土醫師能到澎湖服務，照顧那些孩子到台灣去打拼，膝下無人照顧的老阿公、老阿媽們。」

內政部和紅十字會都曾在一九八一年頒贈紀念「金牌」給何義士修士，感謝他在台灣和澎湖的四十六年間，共計捐血高達一百三十二次，總共輸血量有三萬七千五百西西之多，不但突破了醫師捐血的記錄，也是記錄創造者。台北捐血車中心更在一九八六年，推選何義士修士為「好人好事代表」。

在此之前，澎湖縣政府為表達縣民對何義士修士在醫療上所做的感人貢獻，也頒了「澎湖縣榮譽縣民」證書，盼望他在澎湖繼續嘉惠民眾。一九八七年，他獲得第四十屆「全國醫師服務社會績優獎」，以及一九九一年台灣第一屆「醫療奉獻獎」。最特別的是在一九九七年，他獲得義大利總統頒給他的「最高騎士勳章」，表揚他在七十六年歲月中，奉獻超過五十年在台灣和中國。

一九九九年八月十五日，為了慶祝天主教的「聖母升天」，教會舉行盛大彌撒。教會的信徒看見何義士修士原本還好好的，中午午餐後，他坐在診間的椅子上休息。但過了中午休息時間，他卻還是沒有動靜，這時有一位跟他一起工作的韓修士深覺奇怪，打開診間的門一看，發現何修士躺在椅子上，回天家去了，享年七十六歲。

澎湖縣政府為了紀念他，特地在馬公「大愛公園」製作一座銅像，就是他平時騎著腳踏車的銅像，供大家懷念。

何義士修士最常掛在嘴邊教導民眾的一句話，就是：「人不能決定自己的容貌、身高，但卻可以選擇生命的樣式。」這句話可用來說明他為什麼要選擇到澎湖去行醫和傳福音。他說：「一個有意義的生命，就是在有限的時空中，去實現上帝『愛人如己』的教導。所謂『愛人』，就是犧牲我們一部分的享受去服務別人；『如己』，就是快樂自在地享受我們為別人的犧牲。」何義士修士確實活出了他自己所說的這段話。

30 將舞蹈種子布滿台灣的土地——蔡瑞月女士

在日本統治時代，台灣的社會是很保守的。就像陳柔縉女士所寫的《台灣西方文明初體驗》一書中提到的，當宣教師來台灣開辦女校，要女學生上體育課前先來一段熱身體操時，還擔心女學生會跌倒，必須要大家手牽手一起做甩腿運動，才能維持平衡。換句話說，在歐美宣教師來到台灣之前，台灣的女性是纏腳有如「三寸金蓮」的，根本無法跑步或是做任何體操運動，就更不用說跳「現代舞」這種動作又快又細緻的舞蹈了。在這樣的背景下，如果要問：台灣有誰是從日本統治時代就開始跳現代舞、並投入研究的？我們可以很清楚地回答說：「就是蔡瑞月女士。」

蔡瑞月女士是「台南太平境長老教會」的會友，在一九二一年二月八日出生於台南市，父親經營旅社「群英會館」，上頭有兩個哥哥，她是家中最小的孩子。她在中學時期曾去看「石井漠舞蹈團」的演出，心生嚮往，因此，當她從台南第二高等女校畢業後，便前往日本，跟隨石井漠及其最傑出的弟子石井綠學習現代舞。

在日本學習舞蹈的這段期間，蔡瑞月女士隨舞蹈團遠赴越南、新加坡、馬來西亞、緬甸等國去慰勞日本軍隊，也多次在日本各大城市演出。一九四五年日本戰敗，在日本的台灣留學生紛紛搭船返鄉，已在日本與南洋累積千場以上表演經驗的蔡瑞月女士，也決定返回台灣，放棄在日本的個人舞蹈發表會。雖然她的恩師石井綠極力挽留她，但她還是堅決地搭上了回台灣的船。

蔡瑞月女士曾經說過這段話：「從日本回來，我一場接一場地演出，累了，我還是演。來邀請我演出的，我沒有拒絕過，只因為我就讀高中時，聽到日本人取笑台灣是舞蹈荒漠，當時我就下定決心，有一天我要將舞蹈的種子，布滿整個台灣的土地。所以在回國的船上，我迫不及待地在甲板上練習、編舞，我不在意別人笑我是瘋子。」

在回台灣的船上，蔡瑞月女士創作了《印度之歌》與《咱愛咱台灣》兩支舞碼，其中《印度之歌》被譽為「台灣第一支現代舞」。回到台灣後，她在自己從小就熟悉的「台南太平境長老教會」進行第一次現代舞演出，引起轟動，得到各界熱烈迴響，希望她開班授課的呼聲此起彼落，於是她就在父親開設的「群英會館」開辦「蔡瑞月舞蹈藝術研究所」，這是台灣第一間專門研究現代舞的舞蹈社，可說是實現了蔡瑞月女士當初決定返鄉時的夢想。

她經常受邀到台灣各地演出，而她的知名度也隨著在各地演出不停上升。這是她非常具有活力的時期。因為邀請舞蹈表演的場次相當頻繁，加上她還有許多學生要授課，有人問她：「你這樣難道不會累嗎？」她回答說：「不是不會累，而是深怕對舞蹈的播種，腳步不快，就要來不及了。於是我四處奔波，在勞軍、慈善、賑災等各式晚會中演出，足跡遍及軍隊、戲院、學校、教會、監獄、海邊、公園等處。上妝、卸妝，不停地趕著上火車、下火車，為著不同的觀眾，一個城市接著一個城市跳舞，這是在撒種。」

她說，這些勞苦都只有一個目的和理想：讓我們的故鄉台灣，成為一個有現代藝術文化的國家。就是這麼簡單！

接連不斷的考驗

一九四七年，一場在「台北國際戲院」（現為西門町「萬年商業大樓」）的演出，讓她結識了當時於「長官公署交響樂團」擔任編審的詩人雷石榆先生，兩人相戀不久，隨即結婚。婚後，雷石榆先生當時在台灣大學教中國文學課程，住在台大的宿舍，她便也將舞蹈教學與創作的地點移到台北。他們夫婦和當時台灣藝文界來往頻繁，家中時有文人藝術家雅聚，夫妻倆也一同創作，並在台灣各地的許多戲院演出，都受到極高的評價。

她懷孕後仍繼續教舞與表演；懷孕八個月時，她穿著舞衣與舞蹈家林明德先生演出雙人舞，是一場奇妙的「母子同台」演出。兒子雷大鵬誕生後，夫婦倆獲允在宿舍裡開設舞蹈社，許多就讀高中的年輕女孩紛紛來向她學習現代舞，一家三口過著與舞蹈緊密難分的生活。

然而，幸福的生活難抵社會情勢的變化，「二二八事件」發生後，台北社會情勢風聲鶴唳，她的丈夫雷石榆先生被帶走，而她自己也不知緣由被抓去關。當時任誰也沒想到，夫妻兩人這一分別，再見已是四十餘年後。

即使身在綠島監獄，蔡瑞月女士還是繼續舞蹈創作，編出台灣第一支以原住民為主題的《水舍懷古》，並且以丈夫所寫的詩〈假如我是一隻海燕〉編了一支舞曲，在監獄裡教導同囚的獄友。從她身上，我們可以看到台灣女性的堅忍、毅力。

三年後，蔡瑞月女士在一九五三年出獄。她回到以前的台北農安街開班授課，卻無法脫離白色恐怖的陰影：授課期間常有警察前來打擾，準備妥善、即將演出的活動也經常突然取消，令她感到非常沮喪。即使如此，她還是打起精神面對這一切，也不斷寫信與丈夫聯絡，只不過每一次都是石沉大海。

一九五三年底，為實現擁有獨立演出場地的夢想，她將舞蹈研究社搬到台北市中山北路的日式房舍現址。除了教學生外，她也投入許多時間研究並持續創作、編舞，最令人驚嘆的是她發展出「多元舞種」，包括：現代舞、芭蕾舞、民族舞、台灣民俗舞等，創作相當豐富，成為台灣首屈一指的舞蹈專家。

她一手創辦的舞蹈研究社，在極盛時期，學生多達三、四百人，從週一到週六，每天上午八點大門一開，學生就絡繹不絕來此上課練舞。舞蹈社的演出活動很多，在最密集的時期每隔三天就有一場，而且經常被邀請去飯店、電視台表演。她甚至為日本在台灣的僑民和美國僑民開設兒童和婦女舞蹈班，也因為這樣，舞蹈研究社的門口幾乎是天天車水馬龍，一整天都在接送學生和老師。一九五九年，舞蹈社正式立案並更名為「中華舞蹈社」。

雖然舞蹈教學和各項演出不斷，惡劣的環境卻一直帶來新的考驗。例如舞蹈社的場地租金，從原先一個月十五元，一路不停狂漲，最後竟然漲到兩千一百元；房子遭遇天災（如颱風來襲）造成的損壞，也要她自行花錢修補，讓她不禁大嘆這條路像是個坑錢的無底洞。日後，舞蹈社又因為芭蕾舞台劇《柯碧麗亞》售票事件被罰款近五十萬元，導致學生大量流失，沉重的債務負擔再度落在蔡瑞月女士肩上，差點導致舞蹈研究社崩解。一波波重擔接連來襲，但都沒有讓她停下舞蹈培育與推廣的腳步。

被推崇為「世界舞姬」

一九七五年，她受到韓國崔德新將軍的邀請，赴韓國釜山巡迴演出，讓韓國民眾感到相當驚艷，因而推崇她為「世界舞姬」。

一九七九年，蔡瑞月女士和數位音樂家合作編創台灣本土舞作：《農村酒歌》、《雅美族之歌》等，非常寫實地用舞蹈說出台灣社會基層和達悟族群的生活樣式。讓觀賞的民眾大為感動，讚譽之聲不絕。

自從舞蹈研究社在台北生根落地後，國內外的表演邀約與交流越來越多，日本、韓國、泰國、越南、美國與澳洲等國家的舞蹈界，都曾和舞蹈研究社締結友好情誼，而舞蹈研究社也成為經常接待世界各地國際級舞蹈家來訪的重要場所，為台灣早期舞蹈史寫下輝煌一頁。

但是，蔡瑞月女士和她的舞蹈研究社並未從此一帆風順。當時的政治力量不斷介入文化活動、奪取藝術自由，這些事件的一再發生，最終成為讓她決定離開台灣的一股股推力。

一九八三年，蔡瑞月女士應邀參加韓國舉辦的「亞洲舞蹈節」以及由文建會主辦的「七二年代舞展」。也在同一年，她和兒子雷大鵬取得澳洲居留權而移民澳洲。媳婦蕭渥廷為她從台北警察總局取得「良民證」時，她手上握著良民證，淚水撲簌而下，過往入獄紀錄終被刪除，此時的蔡瑞月女士已經六十餘歲。她靜靜地離開最愛的鄉土，以及她親手創辦的舞蹈研究社，心中有股千言萬語也說不盡的痛苦。

一九九〇年，她在家人陪同之下，特地到中國保定與當年被迫分離的丈夫雷石榆先生會面，闊別四十年的兩人終於得以相會。一九九九年，她專程回台重建舞作的隔日，舞蹈研究社突然被人縱火，她大半輩子用心血辛苦建立起來的研究社幾乎全部毀滅，她站在焦黑的舞蹈研究社前說：「我好像失去了一個女兒！」

即使歷經如此嚴重的挫折，年逾八十的蔡瑞月女士仍舊創作不斷，二〇〇四年與數位國際級舞蹈家聯手，以台灣留學生黃文雄和鄭自才兩人在美國刺殺蔣經國的「四二四刺蔣事件」為主題，編作《讓我像個人一樣地站起來！》，並進行第二次舞作重建。

二〇〇五年她展開《林義雄靜默的腳印》研究工作，直到她在澳洲因病去世之前仍掛心舞作。而她的子弟學生，仍然在台灣延續著她對舞蹈、對鄉土的熱愛和使命——要用身體動作為語言，對孕育他們長大的鄉土台灣說話。

國家圖書館出版品預行編目資料

攏是為了愛：30則以生命書寫的深情告白 / 盧俊義著. -- 初版. -- 臺北市：啟示出版：英屬蓋曼群島商家庭傳媒股份有限公司城邦分公司發行, 2023.01
冊； 公分. -- (智慧書系列 ; 25)

ISBN 978-626-7257-00-5

1.CST: 基督教 2.CST: 信仰 3.CST: 天主教傳記 4.CST: 通俗作品

244.9 111020052

智慧書系列25
攏是為了愛：30則以生命書寫的深情告白

作　　者／盧俊義
企畫選書人／彭之琬、周品淳
總 編 輯／彭之琬
責 任 編 輯／周品淳

版　　權／吳亭儀、江欣瑜
行 銷 業 務／周佑潔、黃崇華、周佳葳、賴正祐
總 經 理／彭之琬
事業群總經理／黃淑貞
發 行 人／何飛鵬
法 律 顧 問／元禾法律事務所 王子文律法師
出　　版／啟示出版
臺北市104民生東路二段141號9樓
電話：(02) 25007008 傳真：(02)25007759
E-mail:bwp.service@cite.com.tw
發　　行／英屬蓋曼群島商家庭傳媒股份有限公司城邦分公司
台北市中山區民生東路二段141號2樓
書虫客服服務專線：02-25007718；25007719
服務時間：週一至週五上午09:30-12:00；下午13:30-17:00
24小時傳真專線：02-25001990；25001991
劃撥帳號：19863813；戶名：書虫股份有限公司
讀者服務信箱：service@readingclub.com.tw
城邦讀書花園：www.cite.com.tw
香港發行所／城邦（香港）出版集團
香港灣仔駱克道193號東超商業中心1F E-mail: hkcite@biznetvigator.com
電話：(852) 25086231 傳真：(852) 25789337
馬新發行所／城邦（馬新）出版集團 Cite (M) Sdn Bhd
41, Jalan Radin Anum, Bandar Baru Sri Petaling, 57000 Kuala Lumpur, Malaysia.
Tel：(603)90563833 Fax：(603)90576622 Email：services@cite.my

封 面 設 計／李東記
排　　版／邵麗如
印　　刷／韋懋實業有限公司

■2023年1月13日初版 Printed in Taiwan

定價400元

城邦讀書花園
www.cite.com.tw

ISBN 978-626-7257-00-5